つくられた縄文時代

日本文化の原像を探る

山田康弘

新潮選書

はじめに

現在における日本の歴史の中では、最も大きく時間幅をとった場合、大体一万六五〇〇年ほど前から二四〇〇年ほど前の、主に狩猟・採集・漁撈をなりわいとしていた時期を、縄文時代という概念で捉えている。読者の方々も小中学校、高校の社会・歴史の授業で、あるいは発掘調査の報道で、縄文時代や縄文文化という言葉を聞いたことがあるだろう。中には、博物館などで縄文時代の生活などといった展示を見た人もいるだろうし、ひょっとしたら「私は専門家だ」という人もいるかもしれない。いずれにせよ、学校で習ったことがないという人は、ほとんどいないだろう。

しかしながら、多くの人々が習ったはずのこの縄文時代という概念は、あくまでも第二次世界大戦後に「新しい日本の歴史」を語る上で用意された、いわば政治的なものであり、国外では内容的にこれに該当するような時代・文化は存在しない、日本独自の極めてユニークなものなのだと言ったら、読者の方々はどう思われるだろうか。

あるいは、その縄文時代の定義や内容をめぐって、現在の考古学界では侃々諤々《かんかんがくがく》の様々な議論が行われており、未だ決着を見ていない、と言ったら、いかがであろうか。

たとえば、縄文時代や弥生時代といった言葉が学界において認知されるのは一九六〇年代の初めであるし、一般的に使用されるようになるのは、それからさらに一〇年ほど経ってからのことである。また、「縄文時代はいつ始まったのか」という問いに対して、明確かつ唯一のしっかりとした答えは、今のところ確定してないと言ってよいし、同様に、縄文時代から次の弥生時代へいつ移行したのか、「縄文時代はいつ終わったのか」という問いについても、考古学者の間では様々な意見が存在する。つまり、縄文時代の時間的範囲については、研究者によって様々な説が唱えられており、厳密な意味で万人一致した見解は存在しないのである。

同様のことは、縄文文化の空間的（地理的）範囲はどこからどこまでなのか、という問題にも当てはまる。縄文文化の輪郭を決めることは非常に難しい。さらには、東北・関東・中部地方における縄文時代中期の状況と、同じ時期の中国地方とでは、当時の人びとの暮らし方も大きく異なっていたことがわかっている。もし、日本という地理的（ある意味政治的な）括りがなければ、ひょっとしたらそれぞれを別の文化として区分してしまうかもしれないくらいだ。

縄文時代・文化と一口に呼んではいるが、その内容は決して画一的なものではない。現在の日本においても様々なレベルで文化的な地域差があるように、時期や地域によって、かなり幅のあるものだったのである。このように、教科書にも掲載されて、多くの方々が一度は学校で学んできた縄文時代・文化とは、突き詰めて考えると実は非常に曖昧なものであり、考古学者たちが「大体こんな感じかなぁ」と想うところで成り立っている、いわば「共同幻想」とでも言えるものなのである。

なぜこのようなことを言い出すのかというと、ちょうど今、私がこの問題で非常に頭を悩ませているからだ。現在私が勤務している国立歴史民俗博物館（長いので、以下歴博としよう）では、平成三一年を目標に第1展示室の新構築（リニューアル）を予定している。そのリニューアルの中で、私は大テーマⅡ「多様な縄文列島」を担当することになった。その展示を新構築していく過程で、「縄文時代・文化とは何か?」ということを、そのはじまりとおわり、広がり、内容などを含めて突き詰めて考える必要が出てきた。それで、様々な問題に対して日夜頭をひねり回し、呻吟《しんぎん》しているところなのである。

実は歴博の第1展示室の展示方法は、従来の博物館展示によくあるような形の時代別展示ではなく、テーマ（課題）別展示という手法を用いている。なぜこのような展示方法を採ったのかという点については、歴博の展示案内図録である『日本の歴史と文化——国立歴史民俗博物館展示案内——』（国立歴史民俗博物館編一九八五）に記載されているが、読まれた方はあまりいないかもしれない。たとえば原始・古代を扱う第1展示室では、旧石器時代・縄文時代・弥生時代・古墳時代・奈良平安時代といった、通常の時代区分ではなく、⑴日本文化のあけぼの、⑵稲と倭人、⑶前方後円墳の時代、⑷律令国家、⑸沖ノ島という五つの大テーマに沿った形で展示が行われ、それぞれの大テーマごとに、そのテーマを最もうまく表現するような大型の展示資料（モニュメント）が置かれている。たとえば、⑴の日本文化のあけぼのでは、縄文時代中期の各地の土器がずらりと並べられているし（写真）、⑵の稲と倭人なら高床式倉庫、⑶の前方後円墳の時代

歴博の第１展示室に並べられた日本各地の縄文土器

では、奈良県箸墓《はしはか》古墳の大型模型がこれにあたる。

このような展示方法が採用されたのは、以下のような理由からであった。

「長き年月にわたって日本列島に展開された歴史や文化の姿はきわめて複雑多様であり、八六〇〇平方メートルにおよぶ広い展示場をもってしても、これを網羅することはできません。また、博物館の展示は、文章による解説ではなく、物をもって示すのが主眼でありますから、たとえば政治や思想などという問題になると、これを形にあらわすことは非常に困難であります。これらの点を考慮して、本館の展示においては、なるべく概括的な形をとることを避け、今日の学界や一般の人びとにとって興味があり、また現代からみて重要なテーマ（課題）を各時代ごとに選び、それらのテーマについては重点的にしっかりした展示を行うことにしました」

　今回のリニューアルについても、上記の理由から、テーマ別展示を行うことが館是である。テーマ別に展示を行っていくので、各大テーマの区切りは、かならずしも教科書的な時代区分とは一致しない。私の担当するセクションの場合、大テーマを「多様な縄文列島」とし、大体縄文時代早期から晩期の水田稲作の導入が始まる前までの期間を対象とすることとなった。いわゆる縄文時代の「ど真ん中」について、展示の新構築を行うことになったわけだ。また、様々な意味での「多様性」について展示の重きをおくこと、さらには環境や対外交流にも配慮することが、館内外における会議を通して決められた。

　縄文文化は、時期によって、そして地域によって、極めて多様な姿をみせる。その時期的・地域的に重層化した多様性をどのように表現していったらよいのか、その試行錯誤の過程の中で私は、これらの多様性ある地域社会を縄文時代・文化として一括してしまうことに大きな戸惑いを感じるようになった。そこで一度は、縄文時代・文化という言葉を用いないで展示ができないか、と考えてみたのだが、この縄文時代・文化という言葉が持っている歴史的イメージは、日本の歴史を語る上で誠に使い勝手がよく、他の言葉をもって代えがたいものがあった。それはまた、なぜ日本の歴史を語る上で縄文時代・文化という概念がこんなにしっくりくるのか、という疑念を私に抱かせた。とどのつまり、「縄文時代・文化とは何か？」という、最も基本的な問題について、悩みに悩み、考えてみたところ、実際、縄文時代・文化はどのように定義されてきたのかという、縄文時代・文化という概念そのものがどのような来歴を持ったものであるのかという、言葉の歴史問題に行き当たったのであった。その思考の過程が、本書となったのである。

本書には、『つくられた縄文時代』という過激なタイトルが付けられている。これを見てもわかるように、本書は縄文時代・文化について最新の研究成果などを駆使しながら、読者の方々を過去の世界へと誘うような一般向けの「入門書」ではない。そういった面もない訳ではないが、むしろこれまで述べてきたように、縄文時代がどのように理解されてきたのかを、考古学の黎明期である明治の頃から検討し、それが第二次世界大戦後、「新しい日本の歴史」を創る上で、弥生時代とともに必要とされた時代区分であり、縄文時代という歴史的枠組みそのものが、実は非常にあやふやな側面をもったものであるということをお話ししたいと思う。

また、それゆえに縄文時代・文化を日本列島の範囲の中、現在の日本国領土の中でのみ考える、つまり一国史として捉えることが本当に正しい歴史的視座であるのかどうかという点について、さらには縄文時代というものが、現代社会においてどのようなイメージで受け取られてきたのか、そしてそれが世相とどのような関係があったのかという点についても考えてみたい。

本書で扱うような「考古学者が何を考えてきたのか」、「考古学と現代社会がどのような関係性を持っていたのか」などといった点について考察を加えることを、最近の研究動向では格好良く「メタ考古学」と呼び、これについてはすでに日本でも櫻井準也《さくらいじゅんや》などによる先行研究が存在する（櫻井二〇一四など）。とりあえずここでは、難しいことは抜きにして、縄文時代研究史の一環として、「こういう考え方もあるのだな」くらいに気軽に捉えていただければと思う。

これらについて話をした後に、日本列島の中には、従来の歴史教科書における縄文文化の記述とはまた異なった生活様式が存在したことを提示し、改めてそれを縄文文化の多様性として理解した方がよいのかどうか、考えてみたい。

そして最後に、私の研究のメインテーマでもある「縄文時代の死生観」についてお話しさせていただき、それが今の私たちの心の中に、どのような形で息づいているのか、考えてみたいと思う。

研究史を検討するというと、一昔前までは、ある程度年齢のいった「お年寄り」、セミリタイアした考古学者がするものだ、と言われてきた。実際、私もさる研究者から直接言われたことがある。しかしながら、研究をさらに進展させていくためには、これまでの研究の総括が必要だ、と私は思う。むしろ、研究者としてそれを礎とするからこそ、新たな展開・発想を期待できるのではないか。

また、近年、若い研究者を中心に研究史をないがしろにする風潮が出てきており、論文を執筆する際にもこの一〇年間程度の先行研究しか引用しないという話も、学会や研究会の懇親会などでしばしば聞くようになった。私自身も先行研究をすべて踏まえているとは言い難く、見落としてしまうことも多々あって、いつも冷や汗をかいている。そんな私が、本書のように縄文時代の「メタ考古学」について語るのは恥の上塗りをするようなものであるが、これも研究史の壮大な厚みと正面から取っ組み合いをしている中年研究者の妄言だと思っていただければと思う。

つくられた縄文時代　日本文化の原像を探る　目次

つくられた縄文時代

日本文化の原像を探る

第1章　縄文時代はどのように語られてきたのか

縄文時代の成り立ち

まずは最初に、これまで縄文時代がどのようなものであると理解され、教科書や専門書などにどのように記述されてきたのか、日本において考古学が欧米よりもたらされた明治時代にまで遡って検討してみよう。

とは言うものの、もし明治時代にまで研究史を遡った場合、実は縄文時代なんて言葉はどこにも見当たらなくなってしまう。最初にはっきりと言ってしまうと、そもそも私たちが知っている縄文時代や縄文文化といった言葉は、今からたかだか五〇年くらい前にようやく広く一般に認知された、かなり新しい歴史用語なのである。私が考古学を学び始めた一九八〇年代後半においても、「縄文文化」という表記と「縄文式文化」という表記が、書店店頭において混在していたくらいである。実際、今でも山川出版社の高校教科書『詳説日本史B』（笹山他二〇一三）では、縄文時代の初出は（縄文時代）と、丸括弧付きだ（別に他意はないのだろうけど）。

それればかりではなく、少なくとも第二次世界大戦以前における日本の歴史には、今日の私たちが学校で学んだ縄文時代も弥生時代もなく、これらは一括して石器時代と呼ばれていた。戦後のある時期から、縄文時代や弥生時代といった言葉が教科書や専門書にも登場するようになり、それがやがて一般化していったのである。この点については、後ほど詳しく記述をしたいと思うが、ではその石器時代は、第二次世界大戦以前の明治・大正・昭和の各時代において、どのように記述されてきたのだろうか。ここでは「縄文時代とはなにか」を探るために、ひとまず日本における石器時代そのものの研究史を紐解くことにしよう。ただし、このような仕事全般については、すでに寺田和夫《てらだかずお》の『日本の人類学』（寺田一九七五）、工藤雅樹《くどうまさき》の『研究史日本人種論』（工藤一九七九）、吉岡郁夫《よしおかいくお》の『日本人種論争の幕あけ――モースと大森貝塚』（吉岡一九八七）、勅使河原彰《てしがわらあきら》の『日本考古学の歩み』（勅使河原一九九五）、春成秀爾《はるなりひでじ》の『考古学者はどう生きたか――考古学と社会』（春成二〇〇三）、大村裕《おおむらゆたか》の『日本先史考古学史講義――考古学者たちの人と学問』（大村二〇一四）などといった優れた先行研究があるので、ここでは後に設定される縄文時代・文化の話につながっていく事項を中心に拾いだして、お話ししていきたいと思う。

縄文時代の本来の呼び名であった石器時代の研究史をたどるということは、当然ながら当時の人々の生活や、人々そのものがどう記述されてきたのかという点につながる。そして、「石器時代人とはどのような人々であったのか」という疑問は、やがて「現在の私たちとその石器時代人がどのような関係にあるのか」という新たな疑問を招くだろう。このように、日本における石器時代について調べることは、最終的には「日本人とは何者なのか」という問題につながっていくことになる。これは戦前の人々においても同様であり、石器時代の研究は、「私たち日本人とは何者なのか」という、いわゆる「日本人種論」へと連動し、密接に絡み合っていった。

モースの石器時代論

明治時代の前半、日本人に関する議論・研究は、基本的にいわゆる「お雇い外国人」によって行われた。「お雇い外国人」とは、明治の初期に欧米の先進技術や学問、法律などの社会制度を輸入する、あるいは学ぶために雇用された外国人のことである。中でも考古学に直接的に関わったという点で有名なのは、今日の歴史教科書にも登場するエドワード・シルベスター・モースであろう。一八七七年の六月に貝（腕足類）の研究を行うために日本へやってきたモースは、横浜に上陸したのち、東京へ向かう汽車の車窓より偶然大森貝塚《おおもりかいづか》を発見した。このあたりのエピソードは非常に劇的であり、モースが残した日本滞在記である『日本その日その日』には、大森貝塚への初踏査時（一八七七年九月一六日）の様子について、次のような記述がある。

「横浜に上陸して数日後、初めて東京へ行った時、線路の切割に貝殻の堆積があるのを、通行中の汽車の窓から見て、私は即座にこれを本当の Kjoekken-moedding（貝墟）であると知った。私はメイン州の海岸で、貝塚を沢山研究したから、ここにある物の性質もすぐ認めた。私は数ヶ月間誰かが私より先にそこへ行きはしないかということを、絶えず恐れながら、この貝墟を訪れる機会を待っていた」「最後に現場に到達するや否や、我々は古代陶器の素晴しい破片を拾い始め、学生達は私が以前ここへ来たに違いないといい張った。私はうれしさの余りまったく夢中になって了ったが、学生達も私の熱中に仲間入りした。我々は手で掘って、ころがり出した砕岩を

図1　モース等による大森貝塚の調査風景（東京大学総合研究博物館蔵）

検査し、そして珍奇な形の陶器を沢山と、細工した骨片を三個と、不思議な焼いた粘土の小牌一枚とを採集した。」（モース一九二九）

モースは、幸運にも来日翌月の七月に東京帝国大学の理学部教授に任ぜられ、早くもその年の九月には大森貝塚の踏査を、一〇月には大森貝塚を発掘調査している（図1）。そして、その成果は一八七九年に、日本初の学術発掘の調査報告書である“Shell Mounds of Omori”（Morse1879）としてまとめられた。“Shell Mounds of Omori”は、すぐさま東京帝国大学の植物学の教授であった矢田部良吉《やたべりょうきち》によって日本語訳がなされ、『大森介墟古物編《おおもりかいきょこぶつへん》』（モース一八七九a）として刊行され、その内容は当時の知識層に広く知られることとなった。

“Shell Mounds of Omori”における石器時代の記述

さて、モースが大森貝塚を発掘し、その報告書を刊行したことはよく知られていても、その実物を見た、さらには実際に読んでみたという人は、考古学を専門としている研究者でも、意外に少ないのでなかろうか。かくいう私も、学生時代には“Shell Mounds of Omori”の日本語訳である岩波文庫版『大森貝塚』（モース一九八三）をぱらぱらと眺めるだけで、その内容にまで深く立ち入って吟味したことはなかった。当然ながら、モースが大森貝塚の報告書の中で、日本の石器時代がどのようなものであったと記述しているのか、ほとんど知らなかった。縄文時代の研究者として、また考古学を教える者として全く恥ずかしい限りである。しかし、反省だけならサルにもできるので、早速“Shell Mounds of Omori”をはじめとして、大森貝塚の報告書たちを紐解いてみることにした。さてさて、モースは一体何と書いているのか。

読んでいくうちに、あることに気がついた。実は、モースが刊行した大森貝塚の報告書である“Shell Mounds of Omori”には、日本の石器時代の生活や社会について具体的に記述した箇所はほとんどないのである。本書を書くにあたり、原著である“Shell Mounds of Omori”をはじめ、その邦訳であった『大森介墟古物編』、さらには岩波文庫に入っている『大森貝塚』を改めて読み直してみたが、やはり石器時代の生活そのものについての具体的な記述は、ほとんど存在しなかった。岩波文庫版の表紙や解説にもあるように、「観察と実験に徹する科学精神をみごとに体現した」と評される報告書だけに、あるいはむしろそうだからこそ事実関係だけを記したのか、これは少々意外であった。

しかしながら、報告書中においてモースは、大森貝塚を世界各地における貝塚と比較しており、そこに石器時代の生活についての記述を、わずかではあるが垣間見ることができる。たとえば、「そもそも貝塚が、一年のうちの特定期間にせよ恒久的にせよ、海辺に住んで、軟体動物や魚など手に入れやすい食物を得ていた野蛮人のごみすて場である（中略）。彼ら（石器時代の人々＝

筆者註）が漁民であると同時に狩人でもあったことは、シカ・クマ・イノシシなどの野獣の骨や鳥類の骨の存在によって証明される。骨はたいてい割れて破片になっており、髄を得るためか、煮炊き土器に入れやすくするためにか彼らが割ったことをしめしている。彼らが土器で食物を煮炊きしたことは、食物残滓がこげついた土器片が発見されることから明らかである」、などといった記述からは、石器時代の人々は通年的定住をしていたのか、それとも季節的な移動をしていたのかは不明であるが、その生業が狩猟と漁撈であり、縄文土器の用途が煮炊き用であると考えられていたことがわかる。また、モースは報告書中に「大森貝塚の特徴」という章を立てて、以下のような記述をしている。たとえば、(1)莫大な量の土器があり、様々な形態や装飾がある、(2)石器類が非常に少なく、石鏃《せきぞく》[1]や石槍《いしやり》その他がない、(3)大森貝塚の人々には食人の風習があった、(4)特殊な土版《どばん》[2]ないしは護符が出土している、などである。これらの点をまとめて、モースは「大森貝塚は、出土した遺物について特有なだけではなく、ある種の遺物が出土しなかった点でも独特である」と述べている。ただ、それが一体どのような意味を持つのかという点にまでは、モースは踏み込んでいない。大森貝塚の報告書におけるモースの態度は、あくまでも事実に立脚し、その解釈についてはきわめて慎重であると言えるだろう。

一方で、モースは一般向けの講演会をたびたび開催し、石器時代の人々の暮らしぶりについて、想像をたくましくし、かなり具体的な話をしていたようだ。たとえば、モースは一八七八年に浅草井生村楼《いぶむらろう》にて一般向けに講演を行い、ダーウィンの進化論や、人の歴史は旧石器時代・新石器時代から青銅器時代を経て、鉄器時代へと「進化」していったことを紹介するとともに、日本にも石器時代が存在したこと、そしてその石器時代人が何者であるのかということについて解説をしている（モース一八七九b、西野一九九一）。

その時のモースの講演内容については、一八七八年七月六日付、同一三日付、同二〇日付の『なまいき新聞』三〜五号に掲載された記事から確認することができる。この講演会は、同年六月三〇日に東京浅草井生村楼において開催され、そのタイトルは「大森村発見の前世界古器物について」であったらしい。モースの講演を聞きに集まった聴衆は五〇〇人を超えていたということであるから、大盛況であったといえるだろう。

この講演会においてモースは、第一粗石世界（旧石器時代）・第二磨石世界（新石器時代）・第三銅世界（銅器時代）・第四鉄世界（鉄器時代）という世界の歴史における四時期区分を説明し、人類の歴史がこの四つの段階を経て進化して来たことを示しつつ、「大森にて掘り出せし内土器によりて考うれば、その形と模様とやや進歩のものなれども、これを要するに第二世界には出ざるべし」と述べて、大森貝塚の文化的段階が新石器時代を超えるものではないとした。確かに世界史的な観点からながめた場合、縄文時代は新石器時代の範疇に含まれると考えられることが多く、このモースの見通しは現在の目からみても正しかったことになる。また、モースが提示した四時期区分は、一八六五年にイギリスの考古学者ジョン・ラボックが区分したものと一致し（Lubbock1865）、モースがラボックの影響をうけていたことがわかる。

さて、『なまいき新聞』の記述から、モースが述べた石器時代の様子を箇条書きにしてみよう。

・貝塚に捨てられていた貝は、大昔の人々の食料であり、その身を食べて殻を捨てたものである。また、貝塚からは鳥や獣の骨が出てくるが、これらも皆大昔の人々の食料であった。
・貝塚から石器が出土する場合には必ず骨も一緒に出土するが、銅器や鉄器は出土しない。
・大森貝塚から出土した土器をアイヌのものだと言う人がいるが、それは確かではない。
・アイヌは勾玉《まがたま》を珍重するが、大森貝塚からは出土していない。
・土器の文様のなかにはアイヌの文様に類似するものもあるが、同様のものはアメリカにもあるので、その類似だけからでは土器がアイヌのものとは言えない。

当時、石器時代の人々はアイヌであった(石器時代人=アイヌ説、略してアイヌ説とも言う)と考える研究者、とくに「お雇い外国人」たちが多かったが、上記のように、モースは石器時代の人々はアイヌではなく、それ以前に住んでいた人々であると考えていた。これが、モースの「プレ(先)・アイヌ」説と呼ばれる立場である。この「プレ・アイヌ」説が、後述するシーボルトに対抗して出されたことは間違いなく、当時両者の間には大森貝塚をめぐって、少々不穏な空気もあったようだ。また、講演会の中で、モースは石器時代人が何者であるかという話はしているが、その一方で、たとえば居住地の場所や住居の形、当時のムラの様子がどうだったなどといった発言はほとんどしなかったらしい。しかし、その当時は大森貝塚しか発掘調査された事例がない訳であるから、これは仕方がないであろう。

一方で、石器時代における食人風習(カニバリズム)については、『なまいき新聞』にも少々大きなスペースを割かれて記述されている。これは当時の新聞記者の興味もそこにあったからに違いないし、おそらくは講演を聴きに来た多くの人々の関心もそこにあったのであろう。現代においても食人風習と聞くと、ドキッとし、やや猟奇じみた興味を覚えるが、そういう点では、当時の一般の人々も同じだろう。実は、モースが主張した「食人の風習」への人々の関心には、少々伏線がある。

文明開化とともに、公的には宗教の自由が認められたことにより、明治前半期の当時の日本では、多くのキリスト教宣教師たちが布教のために活動していた。「お雇い外国人」の中にも宣教師は多かった。その彼らにとって、当時最先端の西洋科学思想であった「進化論」は、「万物は神が創造した」とする神の教えに背くものに他ならなかった。また、モースの話術は非常に巧みであり、人を惹きつけてやまなかったようだ。それ故、東京帝国大学動物学教授という「大看板」を背負って「進化論」を喧伝《けんでん》するモースは、当時のキリスト教会からは非常に危険視されていたのである。実際にモースは、当時のキリスト教宣教師たちから強い批判を受けており、中には日本人に対して「モースはお前たちの先祖が人を食べていたと言っているぞ」と、悪口を言いふらす宣教師もいたらしい（石川一九二九）。一方で、モースもキリスト教に対してかなり攻撃的な発言を講演で繰り返していたらしく、日本におけるキリスト教の布教が、モースの出現によってかなりの打撃を受けたことは間違いないようだ（磯野一九八七）。

話は横にそれてしまったが、モースはどのような根拠から、石器時代における食人風習の存在を主張したのか。いささか長くなるが、岩波文庫版『大森貝塚』に掲載された『なまいき新聞』

の講演録から該当部分を写してみよう。

「掘り出したる中に人骨ありて、その骨は骨節中最も堅硬なる所にして、その骨みな折砕けたり。デンマルク・ブラジルなどにて掘出せしものも皆同じ骨節にて、同じく折砕あり。これその葬りたる骨にあらずして（葬骨ならば全体が存せざるべからざる理なり）人々相食み、その骨は砕折きて髄汁を吸いたるを知るに足るべし」

要するに、貝塚から出土した人骨には、硬いところから折れているものがあるので、これが食人風習の存在した証拠であると述べているのである。人々がお互いに食べ合っただけでなく、その骨髄《こつずい》までもすすったという記述は、やはり少々ぞっとする。しかしながら、人骨が折れているといった程度の観察だけで、当時の人々の間に食人風習があったと考えたのは、やはり早計であった。それは、貝塚が形成されてからすでに数千年以上たっていること、貝塚における貝の堆積は振動などに対して意外にもろく、さほど安定せずにしばしば崩れ落ちることがあることなどを考えれば、すぐに了解できるだろう。貝塚の堆積から現代までの長い間のうちに、埋葬された人骨が貝層の崩落などによって移動しバラバラになったり、場合によっては折れたり壊れたりしてしまうことは十分に考えられる。完全に干からびてしまった四肢骨は、意外に簡単に真ん中から折れる。現代における考古学的知見からすれば、貝塚中に散乱した人骨が存在することはむしろ当然であり、それだけではとても食人風習があったと考えることはできない。事実、関東地方における縄文時代の貝塚からはしばしばこのような散乱人骨が発見される。しかし、大森貝塚発掘当時としては、この程度の「フライング」は仕方ないといったところだろうか。現在でもネット上などでしばしばモースの食人説が取り上げられるので、はっきりと書いておくが、モースの挙げた証拠のみからでは、食人説を立証することは不可能である。一方で、モースがこの食人風習に言及したのは大森貝塚の年代の古さを見極めるためであったとする國學院大學名誉教授の小林《こばやし》達雄《たつお》の指摘は真に重要である（小林二〇〇三）。モースがいたずらにショッキングな「事実」を述べたのではなく、そこに学術的な意図があったことは間違いないだろう。

さて、各地における講演の中でモースは、石器時代の人々には食人風習が存在したことを主張するとともに、『古事記』や『日本書紀』における神武天皇東征の記事は、日本人の祖先がアイヌを東方へ追いやったという事実を神話として伝えているものであると考えた。そして、アイヌが日本における先住民であったと主張する一方で、アイヌは勾玉を珍重するが、大森貝塚からは出土しなかったこと、アイヌは土器を使用しないこと、アイヌに食人風習は存在しないことなどを挙げ、大森貝塚を残した人々はアイヌではなく、それ以前に当地に居住していた人々であったとし、いわゆる「石器時代人＝プレ・アイヌ（先アイヌ）」説を提唱したのである。

ここでざっくりとまとめておくと、大森貝塚の報告書である『大森貝塚』およびそれに付随するいくつかの文献を読む限り、モースは大森貝塚を発掘調査し、数々の業績を残したといえるが、日本における石器時代の人々の暮らしぶりについては、あまり具体的な叙述をすることはなかったようだ、ということになる。しかし、ここで一言触れておかねばならないことがある。実は、モースが行った大森貝塚の発掘調査、そして報告書の刊行は、一八〇〇年代後半の欧米世界においても数少ない、先駆的な研究であった。この頃の欧米の考古学においてさえ、石器時代の人々の生活復元に関する検討は次なる研究課題であり、この点についての記述の少なさをもってモースの業績を低く見積もることはできないだろう。

シーボルトによる日本石器時代の研究

モースが提唱した「石器時代人＝プレ・アイヌ」説に対して異論を唱えたのが、当時オーストリアの外交官として日本に駐在していたハインリッヒ・フォン・シーボルトであった。ハインリッヒは、一八二四年長崎に鳴滝塾を開設し、日本人に蘭学（西洋医学）の教育を行ったことで有名なフランツ・フォン・シーボルトの次男であり、研究分野においては、父であるフランツと区別するために小シーボルトと呼ばれることもある。

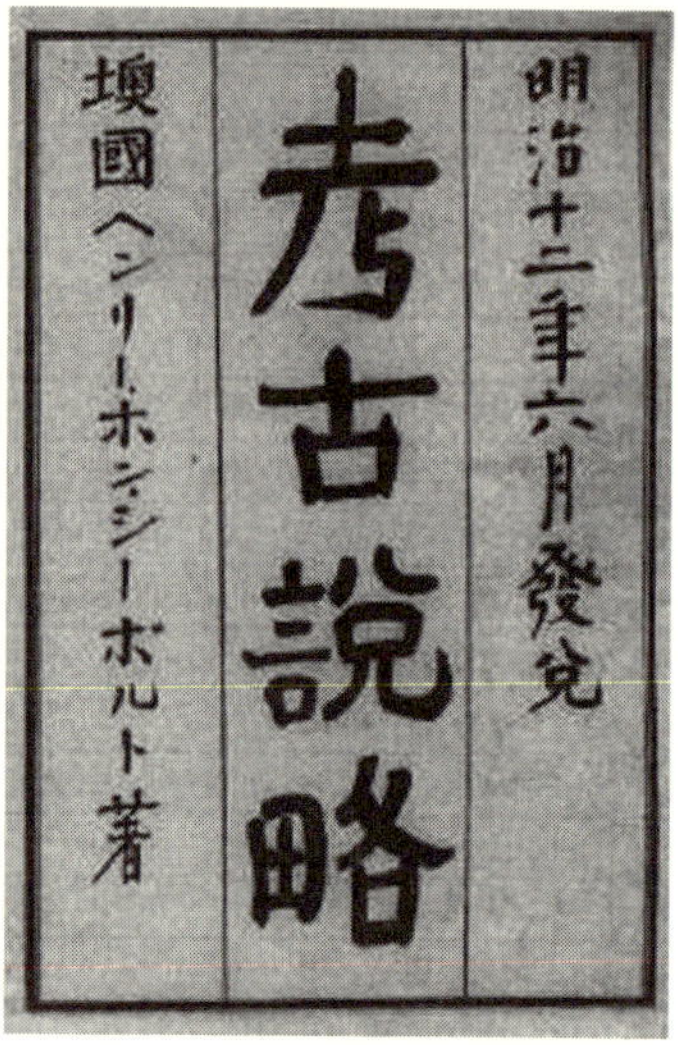

図２　シーボルトの『考古説略』

ハインリッヒ・シーボルト（以下シーボルトとする）は、その著書『考古説略』（図２）において、考古学という言葉を日本で初めて使用するとともに、ヨーロッパにおける考古学的成果を日本語で紹介した。日本考古学にとっては、いわば研究史上の大恩人の一人なのであるが、モースと比較して一般にその知名度が圧倒的に低いのは残念であり、今後積極的に名誉回復をはからなければならない人物である（小倉二〇一一）。

シーボルトは、モースが大森貝塚を発掘したのと同じ一八七七年に、これまた同じ大森貝塚を発掘調査している。そして、一八七九年には"Notes on Japanese Archaeology with Especial Reference to the Stone Age"（「石器時代を中心とした日本の考古学に関する覚書」）を発表し、木彫《もくちょう》や刺繡《ししゅう》といったアイヌの工芸品に用いられているデザインが、石器時代の土器の文様と類似していることを取り上げ、これらのデザインが日本人のオリジナルではなく、アイヌ起源であることを主張した（Siebolt1879）。また、打製石器はアイヌが使用したものであり、磨製石器は日本人の直接的な祖先が使用したものだとし、石器の種類によって使用者が異なるという見解を示した。さらに、アイヌが先住民であり、その後日本人の祖先が磨製石器・硬質土器（須恵器《すえき》）・古墳築造文化を持って日本へ入ってきたと述べて、まさに「石器時代人＝アイヌ」説を主張した。

また、シーボルトは、先の"Notes on Japanese Archaeology"の中で日本の石器時代の社会についても、いくつか言及している。たとえば、石器の石材に注目し、石器が出土する地においてはその石器と同じ石材（たとえば黒曜石《こくようせき》などのことであろう）が産出しないことを指摘し、このことからすでに石器時代の人々が交易を盛んに行っていたことを推定している。さらにシーボルトは、当時の人々の住居は貝塚と貝塚の間に置かれたであろうこと、当時の生業は狩猟と漁撈が主体であったことなど、「石器時代」における人々の生活についても触れている。

他の外国人研究者による日本石器時代人論

シーボルトと同様に、当時「石器時代人＝アイヌ」説を唱えた外国人には、イギリスのジョン・ミルンがいる。ミルンは本職が鉱山技師であり、地震学者・地質学者であったが、考古学にも高い関心を示し、一八八一年に'The Stone Age in Japan, with notes on recent geological changes which have taken place'（「日本の石器時代―近年における地質学的変化に基づく研究―」）（Milne1881）を発表し、この中で縄文土器とアイヌの土器が類似していると述べるとともに、モースが指摘し、「石器時代人＝プレ・アイヌ」説の根拠ともなった食人の風習が、かつてはアイヌにもあったと想定して、日本の石器時代人はアイヌであったと考えた。ただし、ミルンは、北海道においては、コロボックル→アイヌ→日本人という人種交代を想定しており、北海道における石器時代の遺物はコロボックルのものと考えていた。

ご存じの方も多いと思うが、コロボックル（コロポックルとも）とは、アイヌ語で「蕗《ふき》の葉の下の人」という意味で、アイヌの伝説に登場する人々である。小柄で動きが素早く、漁撈に秀でており、蕗の葉で屋根を葺《ふ》いた竪穴住居に住んでいたとされる。よく、絵画やテレビ番組等で蕗の葉の下にたたずむ小人として描かれるが、原意は必ずしもそうではない。「竪穴に住む人」という意味のアイヌ語で、トイチセウンクルなどと呼ばれることもある。現在においては、コロボックルは石器時代に実在した民族ではなく、あくまでもアイヌの伝説上の人々であったと解釈されている。北千島アイヌがモデルであったとする説もあるが（瀬川二〇一二）、ここで問題としている石器時代の事例とは時期が異なるようだ。しかしミルンは、コロボックルは実在の民族であり、北方から来た人々と考えていた。これについては後にも触れることとしたい。

また、海岸線の後退の速度を東京湾の古地図における位置関係から測定して、大森貝塚の年代を約二六〇〇年前と判断している（阿部一九八四）。大森貝塚の形成時期は、出土した土器の図版からみて、縄文時代後期の土器型式である加曾利《かそり》B式期が中心であると思われる。AMSによる炭素14年代測定法による測定結果から考えると、加曾利B式期は大体三八二〇〜三四七〇年前くらいとされるので（小林二〇〇八）、ミルンの推定は、「ちょっとハズレ」、という感がなきにしもあらずだが、地質学者ミルンならではのこの方法は、当時としては画期的なものであった。また、石器時代の年代が「日本建国」の時期（紀元前六六〇年二月一一日を神武天皇が即位した日とする）よりも新しくなってしまうとまずいので、この年代を算出し、発表するのはなかなかに大変なことであったろう。

モースやシーボルト、ミルンらの説は、日本列島には先住民がおり、彼らは後から日本列島にやってきた日本人の直接的な祖先によって北方へと追いやられたとする点で共通している。そして、先住民が駆逐されたという事実は、『古事記』や『日本書紀』において描かれている「神武天皇の東征」として神話に記録されている、と考える点でも一致していた。このようなパラダイムが、外国人研究者を含めた明治時代当時の知識層に広まっていたことには注意をしておきたい。その後の「日本人種論」を考えるときの基盤となるからだ。

これらの説に対し、日本人そのものの起源に関してさらに突っ込んで論じたのは、当時東京医学校（後の東京帝国大学医学部）教授であったウィルヘルム・デーニッツであった。デーニッツは解剖学の講義を担当する一方で、日本人の来歴についても興味を示し、モースの大森貝塚の調査より二年ほど前の一八七五年の段階で、日本人はその風貌《ふうぼう》、顔つきからみてマレー族とモンゴリア族の二種類が混交して形成されたものだとの見解を示している。また、モンゴリア族には二種類あり、そのうちの一つがアイヌであるとし、日本人の直接的な祖先の一つとしてアイヌを挙げている（Baelz1883、寺田一九七五）。つまり、デーニッツはアイヌが先住民ではなく、日本人の直接的な祖先の一つであると主張した訳である。この見解は、先のパラダイムから見た場合、なかなか革新的な考え方であった。

これに対し、東京医学校（後の東京帝国大学医学部）に招聘《しょうへい》されたエルヴィン・ベルツは一八八三年にドイツ語で'Die Koerperlichen Eigenschaften der Japaner'（「日本人の身体的特性」）を発表し、日本人にはその形質からみて、二種類のタイプが存在すると述べた。ベルツの書いた文章中の表現を汲み取って、これらを仮に後に有名となった「長州型」と「薩摩型」として分類すると、「長州型」は中国・朝鮮の上流階級に似て、細面で端正であり、「薩摩型」はずんぐり・がっしりしており、庶民層に多いということになる（Baelz1883）。さらに「長州型」は大陸から朝鮮経由で日本へ渡来し、その形質からアッカド人（西アジアのチグリス・ユーフラテス川流域に栄えたシュメール文明を征服し、帝国を築いた人々）と関係があるのではないかとする一方、「薩摩型」はマレー人に似た蒙古タイプであり、当初南九州に上陸し、これが次第に拡散し、人口比率としては最も多くなり、日本に今日の繁栄をもたらしたとも述べている。

デーニッツにしてもベルツにしても、日本人は多様な人種の混交によって形成されたことを主張しており、ここには後年主張されるような「日本人は単一である」というような考えは影も形もない。先のシーボルトやミルンらの説と併せて考えた場合、「お雇い外国人」達が活躍した明治期前半、一八八〇年代を中心とする「日本人種論」は、二つの要素、すなわち、日本にはアイヌなどの先住民がおり、これを日本人の祖先が駆逐したということ、日本人は多様な人種が混交して形成されたということ、から構成されていたとみることができる。

後年、日本で初めて人類学の研究室を東京帝国大学に開設し初代教授につくことになる坪井《つぼい》正五郎《しょうごろう》も、たとえば一九〇五年の「人類学的智識の要益々深し」や一九〇八年の「日本人種の起源」、「日本に於ける雑婚問題」などで日本人の人種的重層性を指摘している（坪井一九〇五・一九〇八a・一九〇八b）。二〇世紀初頭の日本人の人類学者達は、上記のような「日本人混交成立説」を支持していたようであり、繰り返すがそこには「単一民族」なる言葉は一切出てこない。

ちなみに現代の人類学においては、人種という概念はあまり重要視されていない。これは、現在ではいかなる人種もホモ・サピエンスという同一の種に含まれることが判明しており、自然環境への適応の仕方によって様々な形質が発現しているだけと考えられているからである。本書においても人種という言葉を使用するが、あくまでも研究史をたどる上で当時の用語に従っているだけであり、他意はないことを明言しておきたい。

石器時代人＝アイヌ説とコロボックル説

一八八〇年代の終わりにもなると、明治時代前半よりヨーロッパへ留学していた俊英たちが次々と帰国し、「お雇い外国人」と入れ替わり、彼らが帝国大学にて教鞭を執るようになった。たとえば、自伝的小説「舞姫」の作者である森鷗外《もりおうがい》の義弟であり、ショート・ショートなどで著名なSF作家である星新一《ほししんいち》の祖父で、東京帝国大学医学部の解剖学教授であった小金井良精《こがねいよしきよ》は、まさにその第一陣であった。ちょうどこの頃は、徳富蘇峰《とくとみそほう》らによる自由民権運動や「平民主義」、陸羯南《くがかつなん》による新聞『日本』の刊行などにみることができるように、「日本国民」としての意識が形成されつつある時期であり、その意味で日本人の教育が日本人によって行われるようになっていったことは、その後の日本の人類学・考古学の展開を考える上で大変に重要である。そのような「国民形成」の気風の中、日本人研究者から、日本人種論についての発言が相次ぐようになる。

一八八四年の人類学会の例会にて、当時北海道を中心に活動していた動物学者の渡瀬荘三郎《わたせしょうざぶろう》（後に東京帝国大学動物学講座初代教授となる）は、「札幌郊外にある竪穴は、アイヌの伝説にあるコロボックルが残したものではないか」との発表を行った。この説は、アイヌが土器を使用しないこと、また竪穴式の住居にも住んでいないことから、竪穴（今日の竪穴式住居・建物）はアイヌの残したものではないと考えたものだが、その発想の基盤には、先のジョン・ミルンの説があった（渡瀬一八八六）。北海道などでは、寒さのせいで枯れた植物などがなかなか土に還らないために土壌の埋没堆積作用が弱く、縄文時代のものに限らずいわゆる竪穴住居が埋没しきらないで、地表面に大きなくぼみとして残っている場合がある。渡瀬はこのようなくぼみ、すなわち竪穴住居を、コロボックルが残したものではないかと考えた訳である。

これに対し、植物学者であり後に東京帝国大学農学部の教授となる白井光太郎《しらいみつたろう》は、「コロボックル果たして北海道に住みしや」と題する論文で、コロボックル説を認める為には、(1)コロボックルは日本内地に蔓延しており、特に中部・関東・東北地方はその巣窟であったこと、(2)コロボックルが日本人と交流していたこと、(3)蝦夷《えぞ》がコロボックルであること、(4)アイヌの祖先は土器・石器を製作・使用しないこと、(5)アイヌの祖先は竪穴に住まなかったこと、(6)野蛮人の言い伝えを信用すること、の六点をクリアーしなくてはならないと述べた上で、熟慮すればどれも認め難いとして、「竪穴住居の住民＝石器時代人＝コロボックル」説を退け、「石器時代人＝アイヌ」説を主張した（M.S.生一八八七）。

このようなやりとりを見て思うところがあったのか、当初石器時代人＝蝦夷（日本人ではないもの）説を唱えた坪井正五郎は「コロボックル北海道に住みしなるべし」をはじめとして白井光太郎らに反論を行う（坪井一八八六・一八八七・一八八八）。しかしながら、その当初は学問上のいわば「大人の知的遊戯」、議論のための議論であった可能性が高く、その論拠自体も「コロボックル説は未だ証拠だてられたのではありません」と坪井自身が述べるように曖昧なものであった。議論が進み、コロボックル説が次第に学説として整ってきた段階においても、その根拠としては、(1)アイヌは土器・石器を使用していない、(2)アイヌは竪穴に住んでいない、(3)アイヌの文様と貝塚出土土器の文様は同一ではない、(4)貝塚から出土する人骨をアイヌのものと言い切ることはできない、というレベルでしかなかった。そもそも、坪井にとっては、そんなに大きな議論になる予定ではなかったのかもしれない。後年、自身のコロボックル説について坪井は、「私は諸説の論拠に相撲をとらせ、自ら行司の位置に立つて、団扇を非アイヌ説の方に上げて居るのであります。アイヌ説が勝てば無論其方に団扇を上げます。私をば非アイヌ説の力士と見做し常にアイヌ説の力士達を倒さうとのみ心掛けて居るかの如くに思ふ人があるならば大なる誤解であります」と述べており（坪井一九〇四）、おそらくこれが坪井の真意であったろうとする工藤雅樹の見解は当を得ていると思われる（工藤一九七九）。

一八九七年に、坪井は『日本石器時代人民遺物発見地名表』を刊行し、その中の「石器時代総論要領」において「日本石器時代人民は幾種族なりしか容易に知ることあたわずといえども、北海道と本州の大部分とに分布生息せしものは一種族たりし事種々の点において遺物の一致するをもって知るを得る。他語をもってこれを言えば、ある一種族の石器時代人民、日本の大部分に通じて生存しておりしなり」、「主要なる石器時代人民は何者なるか。それ我々日本人の祖先ならざることは、遺物および遺跡発見の人骨の対照によりて知るを得べく、それアイヌの祖先ならざることも、骨骼および風俗の比較によりて知るを得べし」（傍線筆者）、「コロボックル繁盛の時代は今を距ることおよそ三千年前のことならん。彼等の遺跡は北海道においては比較的新しいといえども、本州においてははなはだ古きこと、貝塚と現存の海岸線との距離、遺物を覆う土の厚さ、貝塚発見の貝殻と現存貝殻との相違等によりて推知するを得る」と述べ、コロボックルが日本全国で一種族であること、本州・北海道に生存していたこと、その時期は三〇〇〇年前であること、すなわち日本建国以前であることなどを主張して、「石器時代人＝コロボックル」説を補強していった（坪井一八九七）。ミルンの業績を紹介する際にも触れたが、コロボックルの繁栄が今から三〇〇〇年前とする説は、海岸線の退行という現象を考慮しつつも、神武天皇による日本建国を紀元前六六〇年とする『日本書紀』の研究結果を踏まえた上での発言であることは言うまでもないだろう。

図３「コロボックル風俗考」中の挿絵（坪井 1895 より）

念のため記述しておきたいが、ここで誤解してはいけないのは、坪井が本当にそのような「小人」が存在したと考えていたのではなく、石器時代に生活していた人々で、「アイヌではない何者か」を、あえて言うとすれば、それはアイヌの伝説上のコロボックルであったかもしれないとの旨から、コロボックルの語を用いたままであるということである。しかしながら、坪井が一八九五年に発表した「コロボックル風俗考」では、土器などの遺物が人に対して異様に大きく描かれた挿絵が掲載されており（坪井一八九五、図3）、坪井自身も、本気か戯《たわむ》れかはわからないが、コロボックルを小さな人々として捉えるようになった可能性は残る。だが、おそらくは「江戸っ子」坪井の洒落であろう。

解剖学者である小金井良精は、形質人類学の立場から、「石器時代人＝アイヌ」説を主張したが、このような主張をする前に、坪井正五郎とともに一八八八年に北海道へ調査旅行に行っている。小金井はその翌年も北海道を訪れ、アイヌの頭蓋を一六六点、その他四肢骨を入手している（小金井一九三五）。これがどのような手続きによったものか、定かではない。しかしながら、現代からみれば微妙な問題があったことは間違いないだろう（植木二〇〇八）。これらの資料を用いて小金井はアイヌの骨格に関する数多くの論文を執筆し、ヨーロッパでは「アイヌの形質研究の第一人者」として認められるようになる。

ここで少々補足しておきたいが、当時のヨーロッパではアイヌの人々を、その彫りの深い容貌から、ヨーロッパ人と同じいわゆる「白人」とみなす説が流布していた。そして、「なぜ（人種的に優秀な）白人が、東洋の辺境に存在するのか」という観点から、アイヌが注目され、研究上だけでなくヨーロッパの一般の人々からも好奇の目で見られていたのである。このため、アイヌの研究を欧文にて発表した小金井の名声は、欧米において非常に高まったのであった。

小金井は、一八九〇年に論文「アイノ人四肢骨に就て」を発表し、さらに同じ年に「本邦貝塚より出たる人骨に就て」を発表し、石器時代人とアイヌが非常に類似した形質をもっていたことを明らかにした（小金井一八九〇a・一八九〇b）。形質人類学的な手法（それは当時最先端の西洋科学であった）から立ち上げられた「石器時代人＝アイヌ」説は、当時衝撃をもって迎えられたことだろう。

一方で、詳細な検討が可能な石器時代人の全身骨格は、一九〇四年の東京人類学会の遠足会をきっかけとする堀之内貝塚の発掘にいたるまで発見されなかったことには注意しておきたい（小金井一九〇四a）。したがって、小金井が論文を発表した一八九〇年の段階では、貝塚等に散乱していた少数の四肢骨程度しか比較資料がない状態であり、それは小金井が論文中に付した石器時代人骨一覧をみても、一目瞭然である。小金井の用いた資料としては、大腿骨の一二点が最も多く、しかもすべて破片である。正直なところ、これだけの資料でいわゆる人種論を語ることができたとは、ちょっと思えない。

しかしながら、小金井は一九〇四年に『日本石器時代の住民』を刊行し、自身の「石器時代人＝アイヌ」説を一般に広く紹介した（小金井一九〇四b）。これは前年に『東洋学芸雑誌』第二五九・二六〇号に連載したものを書籍化したものであったが（小金井一九〇三）、その内容をみると、形質人類学的な記載については一八九〇年の論文「本邦貝塚より出たる人骨に就て」を超えるものはほとんどなく、むしろ竪穴や遺物などの考古学的な事象の分量が多くなっており、坪井らの「石器時代人＝コロボックル」説論者に対する反論に大半が割かれている。これが後述するように、ニール・ゴードン・マンローの論文「後石器時代之頭蓋骨」（マンロー一九〇七）とともに、「石器時代人＝アイヌ」説の大きな拠り所の一つとなったことを考えると、やはりこの段階における小金井の説は形質人類学的には不十分なものであったとしか言いようがない。

事実、一九〇五年以降に各地において貝塚遺跡の調査が進み、多くの石器時代人骨が発見され、これらの骨格、特に頭蓋について形態・計測的な研究が進んでくると、「石器時代人＝アイヌ」説に立つ研究者は、次第に小金井以外にはいなくなり、やがて「石器時代人＝非アイヌ」説が主流となっていくのだが、これは後節に譲ろう。

さて、人骨資料を用いた「石器時代人＝非アイヌ」説のうち、最も早く発表されたものは一九〇七年の足立文太郎《あだちぶんたろう》による「本邦石器時代住民の頭蓋」であった。一九〇六年、神奈川県三ツ沢の貝塚を調査したニール・ゴードン・マンローは、五体の石器時代人骨を得た。これを簡易調査した足立文太郎は、「本邦石器時代住民の頭蓋」を発表し、石器時代人の頭蓋の特徴を提示したと同時に、その骨格はアイヌのものではないとした（足立一九〇七）。少々難しくなるが説明すると、足立は頭骨最大幅《とうこつさいだいはば》×一〇〇／頭骨最大長《とうこつさいだいちょう》によって表される頭長幅示数《とうちょうふくしすう》を検討し、石器時代人の頭蓋形態のうち、鼻前頭隆起《びぜんとうりゅうき》が強くて（鼻が高く、目の上が強く出っ張っている）、額が扁平である（おでこの部分が平らで面積が広い）ことはアイヌに似ているとしながらも、頭長幅示数では石器時代人の平均値が七九・九であり、七点のうち四点は八〇以上であるのに対し、アイヌは頭長幅示数七五までが四〇個、七五・一〜八〇・〇までが一〇一個、八〇・一以上が一五個と、モードの分布が異なることを指摘した。また、足立は石器時代人がアイヌではないとするとともに、坪井正五郎が述べたような「エスキモー」のような人々（コロボックル）でもないとした。さらに、遺物の多様性から、石器時代の人々が一種族だけではないのではないかとも述べている。

しかしながら、同年、マンローが「後石器時代之頭蓋骨」で「三ツ沢人骨＝アイヌ」説を主張し、まったく同一の資料を用いたとしても、その分析結果が異なるという事態が発生した（マンロー一九〇七）。これは、一言でいえば計測点の違い、すなわち汎世界的な形質計測基準がまだ確立していなかったことによるものであろう。現在でも人骨の計測時に使用される世界標準であるMartinによる人類学の教科書“Lehrbuch der Anthropologie”が刊行されたのが一九一四年であるから（Martin 1914）、この点はやむを得ないのかもしれない。とはいえ、人骨の形質からアイヌ説を否定する考えが提出されたのは、おそらく初めてであったろう。

足立のように、頭蓋資料を用いても「石器時代人＝アイヌ」説に懐疑的な研究者はいた。したがって、石器時代の人骨資料が多数発見されるようになった段階で、小金井良精の直系の後継者である長谷部言人《はせべことんど》（東北帝国大学医学部教授、後に東京帝国大学理学部教授）や、次世代の研究者である清野謙次《きよのけんじ》（京都帝国大学医学部教授）が、「石器時代人＝アイヌ」説を引き継がなかったということは、やはり「石器時代人＝アイヌ」説にとっては致命的であったといえる。

長谷部言人・清野謙次の研究

このような状況の中、東日本を中心として石器時代人の研究を行ったのが、長谷部言人である。長谷部は、一九一七年に「壮丁の身長より見たる日本人の分布」を、同年に「日本人頭蓋の地方的差異」を発表して、現代日本人の形質が画一的なものではなく、かなり変異の大きなものであることを指摘し、日本人の系譜には石川型・岡山型の二系統あり、それは石器時代にまでさかのぼる可能性があると主張した（長谷部一九一七a・一九一七b）。これらの論文の中で長谷部は、「日本人の形質が石器時代から現代人に至るまで何らかの形で系譜的には連続する」こと、すなわち「石器時代人＝アイヌ」という考え方を、形質人類学の観点から否定したのである。

また、一九一七年には「石器時代住民論我観」を、さらに「蝦夷はアイヌなりや」を発表して、単純な「石器時代人＝アイヌ」の図式を否定した（長谷部一九一七c・一九一七d）。さらに、

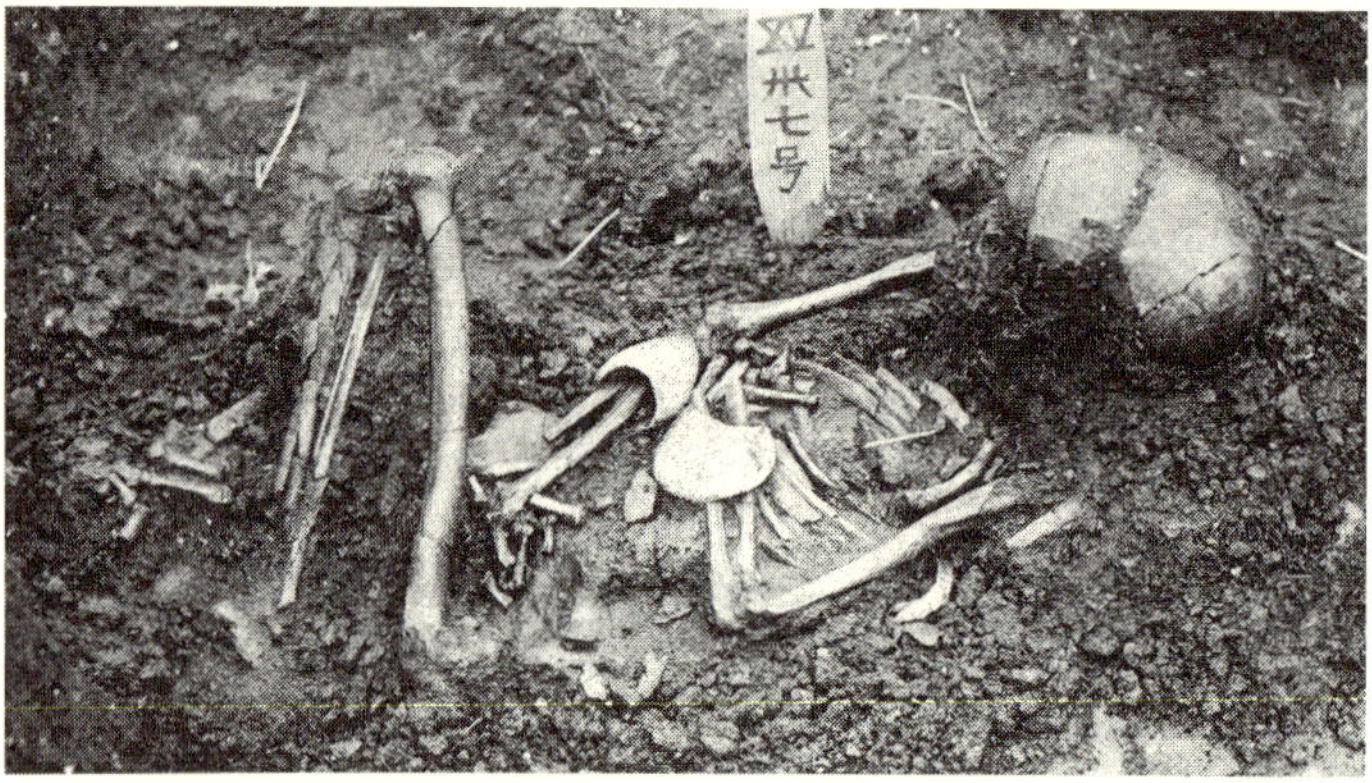

図4　岡山県津雲貝塚における人骨の出土状況（清野1920より）

一九一九年には「石器時代住民と現代日本人」を発表し、「石器時代と聞いたらアイノやその他を連想する前、まず日本人、その種々な体形を有する祖先たちを連想するのが順当」と述べ、日本人の起源が石器時代に遡《さかのぼ》ることを再度主張した（長谷部一九一九）。

この一連の論文は、後年に「変形説」あるいは「移行説」と呼ばれる日本人起源論の萌芽とも言うべきものである。ここに従来からのパラダイム、すなわち「石器時代人＝アイヌ＝縄文土器使用者」、「固有日本人＝弥生土器使用者」であり「先住民であるアイヌを駆逐した」という人種交代説に対して、正面から学術的な反論が加えられたことになる。

一方、長谷部の研究とほぼ同時期の一九二〇年には、岡山県津雲《つくも》貝塚が京都帝国大学によって調査され、五〇体あまりの人骨が出土した（図4）。この時に人骨の調査を担当したのが、清野謙次であった（清野一九二〇）。

津雲貝塚の調査において保存状態の良い石器時代人骨を入手した清野は、その後日本各地に赴き、「余技」と宣いながらも、人骨の出土が有望視される貝塚を発掘してまわった。その時の状況は『日本石器時代人研究』（清野一九二八）や『日本民族生成論』（清野一九四六）などに書かれており、時には発掘時の保証代金の問題で話がこじれて、地主の顔に金を叩きつけてやったなどという下世話な記述さえ出てくる。特に一九二二年から翌年にかけて行った愛知県吉胡《よしご》貝塚の調査では、状態の良い石器時代人骨を三〇〇体も入手することとなり、この分析によって清野の研究は急激に進展することとなった（清野一九二五a、図5）。吉胡貝塚から出土したほぼ完全な三〇〇体もの人骨の数はおそらく、当時日本全国の資料を合わせたものよりも多かったのではなかろうか。また、清野は一九二四年に樺太（サハリン）へ赴いてアイヌ人骨を入手し、これと石器時代人の比較研究に着手している。

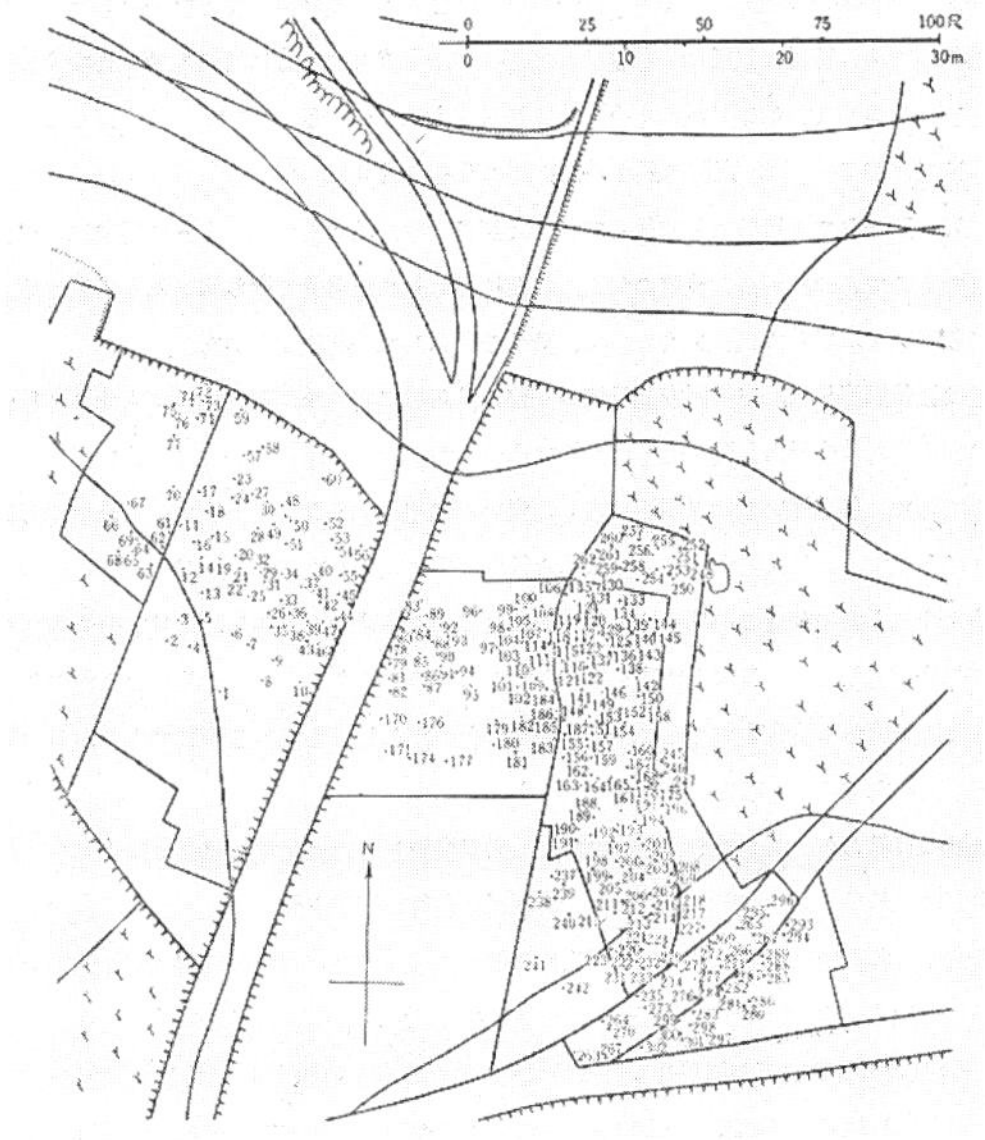

図5　愛知県吉胡貝塚から清野謙次が掘り出した人骨の位置（清野1949より）

　これらの検討結果を踏まえて、清野は一九二五年に刊行された『日本原人の研究』の中で、現代日本人と石器時代人の形質の差を統計的計算の結果から数値として表現し、計算された石器時代人とアイヌの距離は現代日本人と石器時代人の距離よりも大きいことを示し、統計学的見地から「石器時代人＝アイヌ」説を徹底的に否定した（清野一九二五a）。当時、最新の「科学的手法」であった統計学を駆使した議論によって、「石器時代人＝アイヌ」説は大きな打撃を受けることとなった。また、清野は石器時代人には地方差があっても、その形質的特徴は同一であり、石器時代人は一種族であったとし、これを「日本原人」と呼んだ。この場合の「原人」とは、もととなった人々の意味であり、ジャワ原人・北京原人という時の原人（ホモ・エレクトスなど）とは意味が異なる。そして、清野は「日本人はこの『日本原人』をベースとして、いくつかの民族が混血して形成されたもの」と述べた。この説は、後に「混血説」と呼ばれ、長谷部言人の「移行説」とともに、戦後しばらくの間、ついこの前まで日本人起源論の二大仮説として継承されていた。長谷部と清野の研究は、単に「石器時代人＝アイヌ」説を否定しただけではなく、日本における先住民の存在をも、「科学」的に否定したのであった。つまり、ここにおいて石器時代の人々は、現代日本人の直接的な「祖先」であるということが示されたのである。したがって、縄文人は現代日本人の直接の祖先の一つなのであり、現代日本人の大部分は多かれ少なかれ縄文人の遺伝子を受け継いでいる、ということになる。

今日でも雑誌などの特集で、目鼻立ちやシミのでき方などから、あなたは縄文人的か弥生人的かといったような記事が散見されるが、縄文人も弥生人も同じホモ・サピエンスであり、どちらが優れている、劣っているということはない。また、現代人は現代人であり、縄文人似、弥生人似といった言説には、さしたる裏付けもないことが多い。この手の記事についてはあまり深く考える必要はなく、都市伝説と同じで「また、やってるな」程度の大人の余裕で楽しんでいただきたい。

戦前における石器時代の描かれ方

さて、石器時代人が日本人の直接的祖先であるということがわかった一九二〇年代中頃までのところで、肝心の「石器時代」はどのように捉えられていたのか。この点について、再度検証してみよう。

日本における石器時代は、一八七七年モースの大森貝塚の発掘調査によって「発見」された。そして、そのわずか一四年後には、当時の歴史教科書にも石器時代の記述がなされるようになる。たとえば、一八九一年に刊行された文部省編『高等小学歴史』では、石器時代について以下のように書かれている（文部省編一八九一）。

「太古の事、諸史伝うる所、多くは漠然たり。其人民生存の状態等、今之を知る由なし。しかれども天孫降臨以前、大巳貴命《おおなむちのみこと》等既に出雲にありて政を布くを視れば、人民繁殖の、其来ること甚だ遠きを知るに足れり。今内地処々に岩石を畳み、或は山腹を穿ちて窟となす者存在し、其近傍に於て、往々上代の石器、及土器を発見せしことあり。又海岸を距ること遠からざる地に於ては、古代の貝殻を堆積して墟をなす者あり。此等の遺物に就て考うれば、太古の人民は、土窟に棲み、弓矢を以て鳥獣を猟し、其肉を食い、其皮を衣、又海岸に近き者は、兼ねて魚介を漁して、食物に充て、其日常用いし所の器具は、石器、土器、或は骨、角、貝殻なりしならん。又太古内地中央以西に棲息せし者は、日本人種なりしか、或は又他に一群の人種ありしかを詳にせずと雖も、其中央以東（駿河・信濃・越後以東）に棲息せし者は、蝦夷人種なりしことは、今日各地に遺存する所の器物に就き、且後代の史乗に於て、之を証することを得べし」

一八九一年の段階で、石器時代の人々は洞窟（横穴）等に住み、貝塚をつくり、土器・石器・骨角器などを用いて、狩猟・漁撈を行っていたと記述されている。この記述には当時の社会や、現在の縄文時代研究では特に重要視されている植物の利用状況などについてはほとんど書かれていないが、その日常的な暮らしぶり、特に生業面については、なかなか詳しく記述されていると言えよう。

このように、モースが日本における石器時代の存在を明らかにしてからわずか一四年ほど後には、石器時代の内容は教科書にも記述されるようになっていた。当時の人々が太古の歴史に高い関心を寄せていたことの証拠であろう。このような記述が可能となった背景には、先に述べたような明治期における石器時代研究の進展がある。この『高等小学歴史』の記述を読むと、石器時代の東日本には蝦夷《えぞ》人種、すなわちアイヌが住んでいたとされているから、この教科書の執筆者はアイヌ説を採用していたことになるが、それはおくとして、ここで注意しておかなければいけないのは、先にも述べたように、戦前特に一九一〇年以前において、石器時代人は、アイヌとコロポックルのいずれにせよ、あくまでも先住民であったと考えられており、石器時代の歴史は日本人そのものの歴史とは異なるものと考えられていたことである。そして、一九二〇年以降になると形質人類学の研究が進み、石器時代人も後の日本人を形成した人々であることが明らかとされるが、それについても第二次世界大戦後までは、あまり省みられることはなく、日本人の起源が石器時代人にあると主張した長谷部言人や清野謙次ですら、一九三〇年代以降には「記紀神話」に対して時局迎合的になっていった（坂野二〇〇五）。また、教科書においても一九二七年に発行された『尋常小学校国史』には、もはや石器時代の記述はなく、「第一　天照大神《あまてらすおおみかみ》」から始まっている（文部省編一九二七）。『古事記』や『日本書紀』における建国神話が絶対視されていく中では、「石器時代人＝日本人の祖先」という理解は、実際にはほとんど無視されていたと言ってよいだろう。

縄文と弥生という語の初出

このように、「石器時代人とは何者であるのか」という、日本人の祖先の解明は進んでいたが、同時に石器時代の文化そのものの、特に当時の生業や社会に関しても、少しずつではあるが研究が進んでいた。しかしながら、戦前のこの時期には、現在の私たちが歴史的時代区分として用いている縄文時代や弥生時代といった語は、まだ登場していない。では、この縄文時代と弥生時代という言葉は、一体どのようにして生まれてきたのであろうか。

縄文という言葉が、大森貝塚から出土した土器の特徴として記述されたcord-marked pottery

（縄目の文様をつけられた土器）から来ていることは有名なので、読者の方々も聞いたことがあるのではないか。では、いかにも物腰柔らかな時代を連想させる（そしてそれは大きな間違いなのだが）、弥生はどうか。

東京都文京区弥生《やよい》町において、初の弥生土器が発見されたのは一八八四年のことである。実はこの土器、当初は弥生町から見つかった新しい土器ということで、単に弥生式土器と呼ばれていた。このような名称の付け方には先例があり、当時の研究者たちは、たとえば大森貝塚から出土した土器を大森式土器、茨城県陸平貝塚《おかだいらかいづか》から出土した土器を陸平式土器などと名付けていた。初の弥生土器も発見当初は、ちょっと毛色は変わっているが、これらの縄文土器と同等に見られていたのである。ちなみに現在の考古学界では、弥生時代の土器のことを弥生土器、縄文時代の土器のことを縄文土器と言い、式はつけない。この弥生土器が、今日の縄文土器や土師器《はじき》・須恵器とはちょっと違う時期のものと、とりたてて認識されるようになったのは、一九〇六年から翌年にかけての八木奘三郎《やぎそうざぶろう》の「中間土器」という分類からであるが（八木一九〇六）、縄文土器の文化とは別の文化の所産として注目されるのは、一九一七年における中山平次郎《なかやまへいじろう》の金石併用時代の提唱を嚆矢《こうし》とし（中山一九一七）、一九二五年に発表された山内清男《やまのうちすがお》の論文「石器時代にも稲あり」以降のことである（山内一九二五）。この論文で山内は、宮城県枡形囲《ますがたかこい》遺跡から出土した弥生式土器の底部にイネの籾圧痕がついていたことから、弥生式の時期にはすでに稲作が存在したことを主張したのであった。弥生式期における農耕の問題は、後に森本六爾《もりもとろくじ》によって、「弥生式文化と原始農業問題」や「低地性遺跡と農業」などの論考を含む『日本原始農業』（森本編一九三三）などを通して整理され、「弥生式文化――Pensées風に」（森本一九三五ａ）、『日本農耕文化の起源』（森本一九四一）として体系化されていった。

そもそも、縄文時代と弥生時代という時代概念は、これまで主として、食料獲得方法の違いによる時代区分としてとらえられてきた。たとえば、山内清男が一九三二年に『ドルメン』誌上に連載した「日本遠古之文化」では、今日の縄文文化を「縄紋式土器の文化」あるいは「縄紋土器文化」、弥生文化を「弥生式土器の文化」とよび、この時代を「縄紋式の時代」、「弥生式の時代」とよんでいる。日本における石器時代を「縄紋式の時代」と「弥生式の時代」に分離するという、研究史的にも画期的な記述である。ただし、山内は「弥生式の時代」を本質的には石器時代の後期としてとらえており、「縄紋式」と「弥生式」の違いを食料の採集と生産の差に求める一方で、両者を積極的に時代として独立させるような意向は示していない（山内一九三二）。

これに対して、森本六爾は一九三二年に刊行した『考古学年報』の中で、「縄文式時代」・「弥生式時代」の名称を使用しているが、続く一九三五年の『考古学』においては、「縄文式土器系統文化」・「弥生式土器系統文化」・「古墳時代文化」と主に記述している（森本一九三二・一九三五ｂ）。『考古学年報』および自身の論文数篇以外には、やはり、縄文・弥生を時代として多用してはいない。

また、一九三六年に渡部義通《わたなべよしみち》や三沢章《みさわあきら》（本名は和島誠一《わじませいいち》。後に岡山大学教授となる。）らによって執筆された『日本歴史教程　第一冊』では、石器時代における縄文式文化と弥生式文化の相違を、狩猟・漁撈の採集経済と農業を主とする生産経済の差異として捉えている。その一方で、やはり縄文時代や弥生時代という語は使用されていない（渡部他一九三六）。この時期、縄文式文化と弥生式文化の差は本質的には生業形態の差であると理解されていたことがわかるとともに、にもかかわらず積極的に両者を時代差として区分するような方向性はなかったということができるだろう。しかしながら、この両者は「食料採集段階→食糧生産段階」という発展段階的な歴史観によって記述が行われていたことには注意すべきであろう。ただし、この時期においては山内清男も弥生式の段階は、たとえば今では板材などの加工具であると認識されている扁平片刃石斧《へんぺいかたばせきふ》などを鍬の刃先と考えるなど、原始的な農耕である耨耕《どうこう》[3]の段階にあると述べており、そこから古墳時代のような階級社会が発生していくメカニズムについては、少なくとも一九三九年段階の『日本遠古之文化』（補注附新版）でも触れていない。後年、佐原真《さはらまこと》が「『日本遠古之文化』の熟読玩味は、皇国史観による神武紀元や神話の否定とつながる」（佐原一九八四）と述べたように、これも時局によるものなのだろう。

京都市埋蔵文化財研究所の内田好昭《うちだよしあき》の研究によって、「弥生式時代」という語が一九三三年前後には使用されていたことが指摘されているものの（内田二〇〇二）、戦前においては森本六爾の少々突飛な青銅器時代説などを除き（森本一九二九）、弥生時代を時代区分の一つとして積極的に独立させることは一般的ではなく、むしろ弥生式文化として石器時代の後半に含めるか、もしくは金石併用時代として把握されることが多かったと言えるだろう（濱田一九三五、八幡《やわた》一九五三など）。

その後、一九三六年に奈良県唐古《からこ》・鍵《かぎ》遺跡が発掘され、また一九四三年には『大和唐古彌生式遺跡の研究』が刊行されたことにより、弥生式文化の具体的内容、すなわち日本における本格的な農耕社会の存在が明らかとされた（末永他一九四三）。しかしながら、これを一つの時代として積極的に捉える視点は、ここでは明確には提示されていない。やはり戦時中という時局がら、その研究内容を深化させるのはむずかしかったのであろう。また、当時は時代という言葉が、石器時代・金石併用時代などの語に象徴されるように、人類史的・世界史的な区分の文脈で使用されることが多く、縄文式文化や弥生式文化を、「日本固有の時代区分」として認識する意識はまだ希薄であったようだ。

戦後における石器時代の記述と縄文時代の誕生

では戦後になって、縄文時代のイメージはどのように形成されたのか？

戦後最初の歴史教科書としては、一九四六年に文部省より刊行された『くにのあゆみ』が有名だが、そこには石器時代についての詳しい説明はない（文部省編一九四六）。しかしながら、石器時代について触れられてはいる。以下にその部分を抜き出してみよう。

大昔の生活

この国土に、私たちの祖先が住みついたのは、遠い遠い昔のことでした。はっきりしたことはわかりませんが、少くとも数千年も前のことにちがいありません。世界のどこの地方でも、文化の開けなかった大昔には、人はまだ金属を使うことを知らず、石で道具を作って、用いていました。こういう時代を石器時代といいます。私たちが、あたたかい南向きのおかなどを歩いていると、ときに畠の中に貝がらが白くちらばっているのを見かけることがあります。これは、そのころの人人が、はまぐりやしじみなどを、ひろって食べた貝がらがつもってできたもので、これを貝塚といいます。貝塚からは貝のほかに、魚やけものの骨や、そのころの人人がふだん使っていた道具などがほり出されます。これらによって、大昔の人人がどんなくらしをしていたかがわかります。

狩りをするのと魚をとるのが、そのころの人人のおもなくらしでした。野山に出ては木の実をあつめ、石のやじりをつけた矢を用い、鹿やいのししをとって食べ物としていたのです。また島国ですから、海べで貝をひろい、鹿の角で作ったもりやつりばりを使って、魚をとることも多かったようです。食べ物を入れたり、にたきをするのには、土のはちや、かめが使われました。これらの土器には、大てい、なわ目のもようがついています。(現代仮名遣いに変更)

内容的には、一八九一年に刊行された『高等小学歴史』とさほど変わらない。

しかし、『くにのあゆみ』が刊行された翌年の、一九四七年に上級生用に編纂された『日本歴史　上』における記述はより詳細となり、以下のように書かれている(文部省編一九四七)。

「日本民族は、個人個人の身体的特徴が、単一の人種としては余りに相違が甚しく、したがって混血による複合民族であるとされている。起原については、風俗・習慣・言語などからみて、大陸起原説・南方起原説、あるいは遠く小アジヤ・ペルシャ・エジプトなどに求める説などがあるが、このように一定の地にその起原を求めることは不可能であろう。古く石器時代の昔から居住した人類が日本列島に広がり、のちに北方の満洲・朝鮮地方、南方の南洋・マレー地方、または支那などの地域から、あるいは海峡を越え、あるいは島嶼と海流に沿って、幾回となく渡来し、しだいに融合同化して、独特の体質と、言語・風俗・習慣を有する日本民族となったと考えられる。」

「一般に古代文化の発達は、人類の使用した道具の材料によって、石器時代・青銅器時代・鉄器時代の三段階を追うものとされ、石器時代はさらに新旧の二期に分たれる。わが国においては、旧石器時代に人類が居住した痕跡は未だみとめられていない。したがって日本民族の文化は、新石器時代に始まる。この時代の人人は発掘された人骨からみて、現在の日本人とは多少異るが、ほぼそのもととなった、いわば原日本人ともいうべき人種であるといわれている。その系統は明らかではないが、数千年の久しい間、国土の全域に分布していた。

彼らはいろいろの石器を使い、また土器を用いていたが、土器には縄目の文を附けているので、これを縄文式土器と称し、その文化を縄文式文化と呼んでいる（傍線筆者）。土器の文様や装飾は複雑精巧で、その形状や意匠の多様豊富なことは、彼らがかなりの技術を有していたことを示している。その住居は、簡単な竪穴形が多く、炉を中心とする円形または矩形状に地をやや掘り窪めた上に小屋掛をし、主として台地に営まれ、若干の聚落をなした。その附近には食用に供した貝類の殻などが棄てられて、今日各地に見られる貝塚となった。またその遺跡からは、彼らの使用した石斧・石匙・石鏃・石棒や、骨角製の釣針・銛、あるいは耳飾・首飾・腕輪などの装身具が発掘される。これらの遺物から、縄文式文化人は、主として狩猟及び漁撈を生業とし、野山に野草果実を採取したことが知られる。また女性をあらわした土偶が数多く発掘されるので、女性崇拝が行われ、家庭生活は母を中心として営まれたことが推察される。」（現代仮名遣いに変更）

これをみてもわかるように、清野の混血説を取り入れて「単一民族」ではないことを明示するとともに、三時期区分法や新・旧石器時代への言及があるなど、戦後すぐに編纂された教科書としては、先行する『日本歴史教程』等の内容を踏まえており、非常によくできた記述であると言えるだろう。また、家庭生活が母を中心とするという記述は、原始共同体論において人類社会の初期形態とされた母系社会の存在を意識してのことであろう。そして、ここで縄文式文化という言葉が出てくることも見逃せない。

当時、文部省図書監修官として教科書の編纂にあたった丸山国雄《まるやまくにお》は、わが国で最古の遺物遺跡は新石器時代のものであり、これは土器の文様によって縄文式文化と弥生式文化に分けられ、前者が拾集経済時代、後者が縄文式文化とは別系統であり農耕文化時代であると述べている（丸山一九四七、傍線筆者）。教科書監修官の意向として、この段階で縄文と弥生を経済の差異によって時代別に分離する考え方が、すでに一九四七年の段階で明示されているのは興味深い。

さらに新たな教科書である『日本歴史　上』には、「小国家の分立」として、以下のような記述がある。

「人類の家庭生活は、初め男性がもっぱら外に出て狩猟や漁撈に従ったため、女性を中心として結合していたといわれる。わが国においても、石器時代の遺物や、後世の伝説などから、かような時代があったことが考えられる。しかるに農業の発展につれて男性中心に移り、家族間の結合は血縁的集団である氏族間の結合にすすみ、有力な氏族の首長がさらにその首長となって小さな国家の形をととのえるにいたった」（現代仮名遣いに変更）

この文章では、縄文式文化から弥生式文化へという時期的な変化の中に、発展段階的な歴史観が内包されている。先の丸山の発言と合わせて考えたとき、終戦直後の段階から、新しい国史編《へん》纂《さん》事業の下における縄文式文化と弥生式文化の歴史的位置付けは、すでに決められていたと言える。そしてこれは、神話から切り離された、当時最も「科学的」な歴史観であった。

一九四七年に始まった静岡県登呂《とろ》遺跡の調査をきっかけとして、弥生式文化の研究はさらに大きく前進することとなる。しかし、一九四九年に刊行された登呂遺跡の報告書『登呂・前編』では、水田や地質・建築などの記述の一部に「弥生式文化時代」や「弥生式時代」といった語が確認できるものの、基本的には「弥生式土器文化」が使用されていた（駒井・杉原編一九四九）。この時期、弥生時代に類する語は、まだ姿をみせていない。

ところがその二年後、終戦から六年を経過した一九五一年には、森本六爾の影響であろうか、小林行雄《こばやしゆきお》の『日本考古学概説』や改造社刊『考古学辞典』のなかにおいて縄文式時代・弥生式時代の言葉が用いられるようになる（小林一九五一、酒詰他一九五一）。さらに、一九五四年六月刊行の『私たちの考古学』（後の『考古学研究』）第一号には、考古学の時代区分として縄文時代・弥生時代の語が表紙見返しの年表に記載されている（考古学研究会編一九五四）。戦後すぐの段階で、従来の縄文式文化と弥生式文化をそれぞれ一つの時代のものとして取り扱う研究動向が出てきたことがわかる。また、内田好昭の研究によれば、この頃に主要な学術雑誌において弥生式時代という言葉の使用割合が増加することも指摘されているが（内田二〇〇二）、一九五五年に刊行された『日本考古学講座　第四巻　弥生文化』では、「弥生時代の生活」とする見出しが一カ所存在するものの、明治大学教授であった杉原荘介《すぎはらそうすけ》の執筆した総論である「弥生文化」では、弥生文化は鉄器時代の階梯にあると述べられており、弥生時代の語は積極的には使用されていない（杉原一九五五）。この段階では、まだ日本独自の時代区分が採用されていなかったふしがある。

そのような流れの一方で、一九四九年の群馬県岩宿《いわじゅく》遺跡の調査により、日本にも縄文文化以前の文化、先土器文化（無土器文化・旧石器文化）が存在したことが明らかにされ、日本国内において先土器文化→縄文式文化→弥生式文化→古墳文化という変遷が描かれるようにもなってきていた。たとえば一九五七年に刊行された『考古学ノート』においては「無土器文化」・「縄文文化」・「弥生文化」・「古墳文化」という区分が行われている。ただし本シリーズでは前二者を先史時代、後二者を原史時代としているなど（清水他一九五七）、一九五〇年代の段階ではいまだ縄文時代、弥生時代という言葉が完全には定着していなかったということができるだろう。

日本考古学協会は、一九四九年に「縄文式文化編年特別委員会」、一九五一年には、「弥生式土器文化総合研究特別委員会」を組織し、縄文文化、弥生文化の研究を積極的に推進する。その研究成果は『世界考古学大系』第一巻、日本Ⅰ・先縄文・縄文時代、『世界考古学大系』第二巻、日本Ⅱ・弥生時代、および日本考古学協会編『日本農耕文化の生成』という形で発表された。

特に一九五九年に刊行された『世界考古学大系』第一巻、および一九六〇年に刊行された第二巻では、縄文時代、弥生時代の語が積極的に用いられた（八幡《やわた》編一九五九、杉原編一九六〇）。第一巻「先縄文・縄文時代」の編集者である八幡一郎は、本の表紙にこそ縄文時代の語を使用したが、自身の文中では「縄文式文化時代」と呼んでおり、縄文時代の語の使用にためらいがあるようにも思われる一方、第二巻「弥生時代」編集者の杉原荘介は、本書の凡例において「日本に農業が起こってから、日本古代国家の発生までを考古学のうえでは土器形式《ママ》に準拠して弥生時代とよんでいる」と明確に述べる（杉原編一九六〇）。また、一九六一年に刊行された『日本農耕文化の生成』においても弥生時代の語が使用されている（駒井・杉原編一九六一）。なかでも、杉原荘介の執筆した「日本農耕文化の生成」という項目内においては「弥生式文化の時代」といった言い回しは消え、「弥生時代の文化」という形で記述が行われている。ここに時代が文化に先立って区分され、時代によって文化が規定されるという、これまでとは逆の図式が描かれるようになったと言えるだろう。これ以降、縄文時代・弥生時代の語の使用例が多くなっていく。たとえば、一九六二年には坪井《つぼい》清足《きよたり》と近藤義郎《こんどうよしろう》が『岩波講座　日本歴史』第一巻の「縄文文化論」・「弥生文化論」の中で、縄文時代・弥生時代の語を使用している（坪井一九六二、近藤一九六二）。

おそらく、この時期に弥生時代、これに対して縄文時代という時代区分、すなわち日本独自の時代区分が積極的に採用されていった背景は、一九五一年のサンフランシスコ講和条約（日本の国権回復）、一九五六年の国際連合加盟（国際的な国家としての承認）、一九五七年の南極昭和基地の建設（科学先進国への仲間入り）、および一九六〇年の日米安全保障条約の改定とそれに対する反対闘争、さらには一九五〇年の朝鮮戦争勃発による特需、一九五四年から一九七三年にかけての高度経済成長といった、一連の事象と無関係ではないだろう。日本が戦後において真の独立国家としての歩みを開始し、国際社会の中でそれを自覚し、日々の生活の中で豊かさを享受していったこの時期、日本独自の歴史区分が一般化し、積極的に採用された。「新しい日本」の確立と「新しい日本の歴史」の叙述の開始と、「日本独自の新しい時代区分」は、当然ながらリンクしていたのである。

多くの人々が読むという一般向け書籍の性格を考慮すると、縄文時代や弥生時代という語の普及に大きな影響を与えたのは、おそらく先の『岩波講座　日本歴史』シリーズと並んで、河出書房から刊行された『日本の考古学』シリーズであったと思われる。本シリーズの特徴は、考古学的な時代区分として、先土器時代・縄文時代・弥生時代・古墳時代・歴史時代という日本独自の時代区分を前面に押し出したという点にある。このうち第二巻の縄文時代は一九六五年に、第三巻の弥生時代は一九六六年に刊行されている。第三巻の編者でもある和島誠一は、弥生時代の定義を「弥生時代は、ながく停滞的な採集経済の段階にあった縄文時代の日本民族が、大陸の農耕文化の促進的な影響をうけて稲作を中心とする生産経済にうつり、米を主食とする日本人のその後をきりひらいた時代である」（和島一九六六）と述べ、弥生時代は縄文時代よりも発展した時代であり、弥生時代こそ日本人の日本人たる文化が始まった時代であることを主張した。ただ、和島の主張だけのせいではないが、このような言説が、意識するしないにかかわらず、縄文時代を劣位、弥生時代を優位と考えるような、ある種「上から目線のモノの見方」を育んでしまったことはまちがいなかろう。

現在でも考古学を志す学生の間では、縄文時代以前のテーマで卒論を書こうとすると、「コメを喰っていないサルの時代か」と揶揄されることがあるそうだ。実際、私の学んだ大学でもそうであった。今はどうか知らない。また、現在私が勤務している国立歴史民俗博物館（博物館といっても、研究施設に付属する博物館なので、一般の博物館とはちょっと性格が違うが）は、小中学校を中心とする児童・生徒達の社会科学習の場としても利用されるのだが、引率の先生の口からも、先のような発言が生徒に向かってなされることがある。さらには、「縄文時代の人と弥生時代の人、どちらが幸せだったでしょう」といった小学生用の教材までインターネット上に公開されている。思わず、天を仰ぐことも少なくない。

このような視線の背景には、単なる戯れ言では済まない、「食糧を生産する社会の方がより高い文化を持ち、優れている」というドグマが見え隠れしているといってよい。このドグマそのものは、歴史を発展段階的に捉える唯物史観によって立つ研究者たちの様々な忖度《そんたく》の末に生じたものだが、このドグマこそが、後の弥生時代の地域性を語る際に大きな問題となり、また弥生時代を優位と考えるということと同根である、自分たちがより高いレベルの文化・文明に属しているという錯覚が、いわゆる開発途上国などの人々に対する「上から目線」を生み出す根源とさえなっている。これについては、多くの民族誌的研究から批判がなされているのだが（たとえばクラストル一九八七など）、その批判が私たちの社会に届いているとは、ちょっと思えない部分がある。弥生時代の問題については後述しよう。

縄文時代が停滞的であり、大陸からの新しい文化、水田稲作技術をともなって波及した文化によってピリオドが打たれたとする縄文時代観は、一九六二年に坪井清足が『岩波講座　日本歴史』において発表した「縄文文化論」にも見られるものである（坪井一九六二）。食料採集社会の「貧しい縄文時代」が行き詰まり、食糧生産社会の「豊かな弥生時代」へ移行したという発展段階的な捉え方は、一九六〇年代当時の基本的な歴史観であった。

古い文化が大陸の影響を強く受けた新しい文化によって駆逐されるという縄文時代から弥生時代への移行の構図は、欧米風文化が急激に流入し生活文化が大きく変化した昭和二〇〜三〇年代の社会的情勢を考慮した場合、非常に聞こえのよい言説であったに違いない。弥生時代の語およびその基本概念は、戦前・戦中から戦後・高度経済成長という世相的構図ともリンクしつつ、新生日本史の象徴としても普及したと言うことができるだろう。

その後十年を経て、佐原真《さはらまこと》が弥生時代の定義として一九七五年に記した文章には、「弥生時代は、『日本で食糧生産を基礎とする生活が開始された時代』である」と書かれている（佐原一九七五）。また、現在においても山川出版社から発行されている高校歴史教科書である『詳説日本史B』には、縄文時代を食糧《ママ》採集の段階、弥生時代を食糧生産の段階と明記されている。佐原がいう「基礎とする」という部分をどのような指標に求めるかが問題であるが、この定義が今日においても弥生時代に対する基本的な理解であることは否めない。

　このように、縄文時代・弥生時代という語の成立を研究史的に概観してみると、明治から昭和期の初めにおいては石器時代として一括されていたものが、イネの発見などにより縄文と弥生が生業的・経済的な観点から切り離され、「縄文式文化」、「弥生式文化」という内容の認識が行われたのちに、第二次世界大戦後において、新たな日本の歴史を編纂していく過程で「縄文式時代」、「弥生式時代」という概念が成立してきたことがわかる。その意味で、戦後の一九四七年に行われた静岡県登呂遺跡の発掘調査は、「水田が広がる平和な農村」という弥生時代のイメージを、戦争によって疲弊した「日本国民」に流布させ、「豊葦原瑞穂国《とよあしはらのみずほのくに》」である日本の始まりを意識させる大きな役割を果たしたと言える。

　また、縄文時代という概念の成立と弥生時代のそれは、表裏一体のものであり、両者はほぼ同時に使用されるようになったということになる。そして一九五〇年代頃までは、「縄文式文化」を新石器時代に、「弥生式文化」を鉄器時代や原史時代などとして世界史的な時代区分のなかに位置づける言説が多かったのに対し、一九六〇年代以降は日本の歴史における一時代として縄文時代、弥生時代が取り上げられるようになった。そして現在に到るという訳である。

　このように、縄文時代と弥生時代という概念の来歴をみていくと、両者は戦後の日本が新しい国史である「日本史」を発展段階的な歴史観から構成・編纂《へんさん》する上で必要とされた時代区分であったということができよう。今日、私たちが使用している縄文時代・弥生時代といった歴史上の時代概念は、戦後における新しい日本国家体制の下、新しい日本史を語るために、いわば政治的につくりだされたという側面を有するものであった。そのように考えた時、二〇〇〇年代のいわゆる「ゆとり教育」が始まる時期に、小学生の学習内容から縄文時代以前が削除された意味も、「指導内容厳選のために」とする文部科学省の説明とは、また異なって聞こえてしまう、というのはうがち過ぎだろうか。

このように形成されてきた「縄文時代観」だが、高度経済成長期を越えて、一九七〇年代から八〇年代へと入っていくと、また捉え方が大きく変わっていく。そして九〇年代から二〇〇〇年代に到っては、平等な狩猟採集社会という枠組みそのものが大きく揺らぐこととなる。これについては、次の章にて述べることにしよう。

第2章　ユートピアとしての時代と階層化した社会のある時代

近年の教科書における記述

中森明菜《なかもりあきな》が「ミ・アモーレ〔Meu amoré……〕」を歌い、「金曜日の妻たち」が不倫に走り、阪神タイガースが驚異的な打撃力で日本一を勝ち取った一九八五年、私が高校三年生だった頃、大学受験のためにせっせと暗記した日本史の教科書は、山川出版社から発行された『詳説日本史（新版）』であった（井上他一九八四）。その『詳説日本史』には、縄文時代・文化について、以下のような記述がなされていた。専門家の目から見れば、少々首を傾げたくなる箇所もあるが、それは横に置くとして、少々長くなるが、ちょっと引用してみよう。

縄文文化の発生

今から約1万年前に氷河時代は終わり、氷河がとけて海面が上昇し、気候も温暖となり、植物も落葉広葉樹林へと移った。動物も象や大鹿などの大形動物が姿を消し、かわって猪・狼などの中小の動物がふえてきた。このころには日本列島は大陸と完全に切り離され、今日とほぼ同じ自然環境になった。この時代を地質学では[a]沖積世とよんでいる。

このような自然環境の変化に応じて、狩猟方法も変化し、すばやい中小の動物をつかまえるために本格的な弓矢が考えだされた。石器も、新たに磨製石器が製作・使用されはじめた。生活の基盤は、先土器時代と同じく狩猟・漁撈・採集の段階にとどまっていたが、その技術ははるかに進歩した。

また獲得した食料を貯蔵・調理する道具として、土器がつくられた。土器の製作は、人間がはじめて化学変化に気づき、それを利用したものといわれ、食生活を豊かなものにした。このころの土器はさまざまな形や文様をもち、[b]低温で焼かれた厚手で黒褐色のもので、縄文土器とよばれている。しかし、日本における最初の土器には縄目の文様はほどこされず、また細石器《さいせっき》といっしょに出土する例もある。

磨製石器と土器をもつ縄文文化は、新石器文化に属し、その遺跡は北海道から沖縄まで広く分布している。

縄文時代の社会と生活

[c]この時代の人々は、弓矢や石槍・落とし穴などを用いて動物をとらえた。水辺では貝をとったり、骨角製の釣針・銛で魚をとったほか、土錘《どすい》や石錘《せきすい》が発見されていることから、網を使用した漁法も行われていたことがわかる。また木の実を採集し打製石斧で球根類を掘りだし、石皿《いしざら》やすり石でこれらを加工するなど、自然条件に応じてさまざまな食料獲得の技術を向上さ

せた。

住まいは地面を掘りこんでつくった竪穴住居で、1戸に数人から10人くらいの家族が住み、これらがいくつか集まって一つの集落を形成していた。早期の集落は2〜3戸で形成された規模の小さいものであったが、前期以降、2〜3倍に人口がふえた。集落は一般にわき水が近くにある台地上にいとなまれ、しばしば中央の広場をかこむように、円形ないし半円形に住居が配置されていた。海岸近くの集落では貝塚が規則正しく環状または馬蹄形に形成されている例がある。これらのことは、当時の集落が一定の規律のもとにつくられ、人々が集団で労働していた可能性を示すものである。また後期には、中心となる集落のまわりに、小さな集落が点在する例もみられる。

当時の基本的な生活圏は、集落とその周辺で狩猟・採集活動を行うせまいものであったが、各地でそれぞれ孤立していたのではなく、かなり遠方の集団との交易も行われていた。

[d]縄文時代は、狩猟・漁撈・採集の段階にとどまり、生産力は低かった。動物や植物資源の獲得は、自然条件に左右されることが多く、人々は不安定できびしい生活をおくっていたと考えられる。

[e]人々は集団で力をあわせてはたらき、収穫物はみんなで公平にわけあった。このような生活のなかでは、個人的な富や権力の発生をうながすような余剰生産物の蓄積は不可能であり、集団の統率者はいても、貧富の差や階級の区別はなかったと思われる。このことは、住居の規模や構造に大きなちがいがみられないことや、埋葬が共同墓地で行われ、個人の富を示す副葬

品がともなわないことからもうかがわれる。

きびしい自然のなかで生きる縄文時代の人々は、呪術によって災いをふせいだり、自然からの豊かな収穫を祈った。埋葬のさいの屈葬《くっそう》、女性をかたどった土偶《どぐう》などはそのあらわれである。また集団の統制をきびしくし、成人になると強制的に抜歯《ばっし》が行われた（井上他一九八四『詳説日本史（新版）』山川出版社）。

後ほど比較検討してみたい箇所には、傍線をいれてみた。次に現在の高校生が使用している教科書の記述をみてみよう。二〇一三年版の山川出版社『詳説日本史B』（笹山他編二〇一三）では、縄文時代・文化の記述は以下のようになっている。

縄文文化の成立

今からおよそ1万年余り前の完新世[a]になると、地球の気候も温暖になり、現在に近い自然環境となった。植物は亜寒帯性の針葉樹林にかわり、東日本にはブナやナラなどの落葉広葉樹林が、西日本にはシイなどの照葉樹林が広がった。動物も、大型動物は絶滅し、動きの速いニホンシカとイノシシなどが多くなった。

こうした自然環境の変化に対応して、人びとの生活も大きくかわり、縄文文化が成立する。この文化は約1万3000年前から、水稲農耕をともなう弥生時代が始まる約2500年前頃までの期間にわたった（縄文時代）。縄文文化を特徴づけるのは、増加する中・小型動物を射とめる狩猟具の弓矢、主として植物性食物を煮るための土器、さらに磨製石器の出現などである。

この時代に用いられた土器は、表面に器面を平らにするため縄（撚糸《よりいと》）を転がしてつけた縄文と呼ばれる文様をもつものが多いので縄文土器といわれ、[b]低温で焼かれた厚手で黒褐色のものが多い。また、この縄文土器の変化から、縄文時代は草創期・早期・前期・中期・後期・晩期の6期に区分される。このうち草創期の土器は、現在のところ世界でももっとも古い土器の一つである。アジア大陸などで、これと同じような古い土器が発見されつつあるが、日本列島に住んだ人びとも更新世から完新世への自然環境の変化に対応する新しい文化を、早い段階に生み出していたことは確かである。

縄文人の生活と信仰

縄文時代の人びとは、大きく変化した新しい環境に対応していった。とくに気候の温暖化にともなって植物性食料の重要性が高まり、[c]前期以降にはクリ・クルミ・トチ・ドングリなどの木の実やヤマイモなどを採取するばかりでなく、クリ林の管理・増殖、ヤマイモなどの保護・増殖、さらにマメ類・エゴマ・ヒョウタンなどの栽培もおこなわれたらしい。また一部にコメ・ムギ・アワ・ヒエなどの栽培も始まっていた可能性が指摘されているが、本格的な農耕の段階には達していなかった。土掘り用の打製の石鍬、木の実をすりつぶす石皿やすり石なども数多く出土している。

狩猟には弓矢が使用され、落し穴などもさかんに利用され、狩猟のおもな対象はニホンシカとイノシシであった。また、海面が上昇する海進の結果、日本列島は入江の多い島国になり、漁労の発達をうながした。このことは、今も各地に数多く残る縄文時代の貝塚からわかる。釣針・銛・やすなどの骨角器とともに石錘・土錘がみられ、網を使用した漁法もさかんにおこなわれていた。また、丸木舟が各地で発見されており、伊豆大島や南の八丈島にまで縄文時代の遺跡がみられることは、縄文人が外洋航海術をもっていたことを物語っている。

[d]食料の獲得法が多様化したことによって、人びとの生活は安定し、定住的な生活が始まった。彼らは地面を掘りくぼめ、その上に屋根をかけた竪穴住居を営んだ。住居の中央に炉を設け、炊事をともにし、同じ屋根の下に住む小家族の住まいであったらしい。集落は、日当たりがよく、飲料水の確保にも便利な水辺に近い台地上に営まれた。それは、広場をかこんで数軒の竪穴住居が環状に並ぶものが多く、住居だけではなく、食料を保存するための貯蔵穴群や墓地、さらに青森県三内丸山《さんないまるやま》遺跡のように、集合住居と考えられる大型の竪穴住居がともなう場合もある。これらのことから、縄文時代の社会を構成する基本的な単位は、竪穴住居4〜6軒程度の世帯からなる20〜30人ほどの集団であったと考えられている。

こうした集団は近隣の集団と通婚し、さまざまな情報を交換しあった。また黒曜石など石器の原材料やひすい（硬玉）などの分布状況から、かなり遠方の集団との交易もおこなわれていたことが知られている。[e]人びとは集団で力をあわせて働き、彼らの生活を守った。男性は狩猟や石器づくり、女性は木の実とりや土器づくりにはげみ、集団には統率者はいても、身分の上下関係や貧富の差はなかったと考えられている。

縄文人たちは、あらゆる自然物や自然現象に霊威が存在すると考えたらしい。これをアニミズムというが、呪術によってその災いを避けようとし、また豊かな収穫を祈った。こうした呪術的風習を示す遺物に、女性をかたどった土偶や男性の生殖器を表現したと思われる石棒などがある。縄文時代の中頃からさかんになった抜歯の風習は、通過儀礼の一つとして成人式の際などにおこなわれたものと考えられており、集団の統制のきびしさをうかがわせる。死者の多くが屈葬されているのは、死者の霊が生者に災いをおよぼすことを恐れたためであろう（笹山他二〇一三『詳説日本史B』山川出版社）。


ここで、一九八四年版と二〇一三年版、この二つの教科書について、特に傍線を引いた箇所について比較してみよう。

傍線部aの箇所は一九八四年版では沖積世とあるが、二〇一三年版では完新世となっている。これは地質時代区分の呼称そのものが国際的な呼称へと統一されたために起こったことであり、縄文時代の理解そのものに関わる問題ではない。一九八〇年代に高等教育を受けた私たちが習った地質時代である洪積世と沖積世は、今では更新世と完新世と呼ばれている。そういえば習った当時も、旧約聖書にあるノアの洪水からとった「洪積世」という言葉を使っているのは、現在日本とドイツくらいだと言われたような気がする。

傍線部bにおいては、「低温で焼かれた厚手で黒褐色のもの」から、「低温で焼かれた厚手で黒褐色のものが多い」へ記述が変わっている。これは、縄文土器にも関東地方の後期や東北地方における晩期の事例のように、精巧かつ薄手で、高温で緻密に焼かれた赤茶褐色の縄文土器も存在することがようやく認知されたためであろうが、後で弥生土器との差を記述するためか、未だにこのような表現が残っている。間違いではないが、弥生土器との比較を行うために残した記述だとしたら、縄文時代研究者としては、やや不満が残る箇所である。

傍線部cは、二つの教科書の間で、記述が大きく変わった点である。一九八四年版では「この時代の人々は、弓矢や石槍・落とし穴などを用いて動物をとらえた。水辺では貝をとったり、骨角製の釣針・銛で魚をとったほか、土錘や石錘が発見されていることから、網を使用した漁法も行われていたことがわかる。また木の実を採集し打製石斧で球根類を掘りだし、石皿やすり石でこれらを加工するなど、自然条件に応じてさまざまな食料獲得の技術を向上させた」として、あくまでも食料を自然の中から採集するという狩猟・採集・漁撈の生業形態を主体に記述がなされている。

ところが、二〇一三年版になると、「前期以降にはクリ・クルミ・トチ・ドングリなどの木の実やヤマイモなどを採取するばかりではなく、クリ林の管理・増殖、ヤマイモなどの保護・増殖、さらにマメ類・エゴマ・ヒョウタンなどの栽培もおこなわれたらしい。また、一部にコメ・ムギ・アワ・ヒエなどの栽培も始まっていた可能性が指摘されている」と、従来のように食料採集経済に言及するだけではなく、農耕という段階には到ってないものの、クリやマメ類といった主食になりうる植物の栽培・管理が行われていたと記述されるようになっている。

なかでもクリ林の管理というところに注目してほしい。クリの実は縄文時代の主要な食料の一つであるが、それ以上に研究上重要視されているのが、建築材としてのクリの木である。縄文時代の建物の多くは、クリの木を柱にしたり、屋根材にしていたことが、各地の低地遺跡の事例から明らかにされている。丈夫で腐食しにくいところが好まれたのであろう。このクリの木であるが、必要な時に必要な長さ、太さのものが必ずしも入手できるとは限らない。また、クリは単独で育成したものは、幹が大きく曲がりやすく、建材には適さなくなるものも多い。そこで、現在の研究レベルでは、縄文時代の人々は必要な建築材を、必要な時に入手できるように、クリの木を建築材用に栽培し、管理していたと考えられている。三内丸山遺跡などで発見された建物で使用されたクリ材の柱は直径一メートルをこえるものもあり（図6）、このクリが光条件の良い環境下（木村二〇一二）

図6 青森県三内丸山遺跡におけるクリ材使用の大型建物（写真提供：青森県教育庁文化財保護課）

で生育していた場合、その生育年数は二五〇年を超える。このことは、縄文人が人一世代を超える長期間にわたって、資材を育成・管理していたことを物語っている。とても、貧しいその日暮らしの人々というイメージではない。

二つの教科書に描かれる縄文時代の生業形態は、一方では自然の恵みに依存するものであるが、もう一方は自然の恵みを享受するだけでなく、これに積極的に働きかけ、栽培や管理を行っているものであり、時代観的にみても内容が大きく異なっていると言ってよいだろう。

そしてこの生業形態に関する記述をうけて、傍線部dのところが、一九八四年版では「縄文時代は、狩猟・漁撈・採集の段階にとどまり、生産力は低かった。動物や植物資源の獲得は、自然条件に左右されることが多く、人々は不安定できびしい生活をおくっていたと考えられる」と記述されていたのが、二〇一三年版では「食料の獲得法が多様化したことによって、人びとの生活は安定し、定住的な生活が始まった」となっている。これは、先に述べたように一九六〇年代には一般的であった、「貧しく、不安定な生活」の縄文時代観から、「豊かで、安定した生活」の縄文時代観へと歴史的な叙述が大きく転換していることを示している。この記述変化の背景には、一九七〇年代から二〇〇〇年代にかけて相次いだ「教科書を書き換える縄文時代の新発見」が関与しているのだが、これについても後ほどお話ししよう。

私が特に注意したいのは、傍線部eの記述の変化である。一九八四年版では「人々は集団で力をあわせてはたらき、収穫物はみんなで公平にわけあった。このような生活のなかでは、個人的な富や権力の発生をうながすような余剰生産物の蓄積は不可能であり、集団の統率者はいても、貧富の差や階級の区別はなかったと思われる」となっているが、後年の二〇一三年版では「人びとは集団で力をあわせて働き、彼らの生活を守った。男性は狩猟や石器づくり、女性は木の実とりや土器づくりにはげみ、集団には統率者はいても、身分の上下関係や貧富の差はなかったと考えられている」となっている。

まず、何が一九八四年版から落ちたのかと言えば、「収穫物はみんなで公平にわけあった」という記述である。二〇一三年版には、そうは書いていない。実は縄文時代において、このような収穫物を等しく公平に分配したという物的証拠は存在しない。そればかりか、最近では民族学的な研究により、食料の貯蔵を行う狩猟採集民の間では、分配が不平等であるばかりではなく、特定の人々が収穫を独占する場合さえあることが明らかとなってきている(テスタール一九九五)。一方、縄文人は一年間の生活を計画的に考えて、食料を貯蔵する、学問的にはコレクターとよばれる人々であったと考えられている(第4章参照のこと)。そのため、このような「分配」において、民族学的にみて何らかの不平等が存在したということは、想像に難くない。

さらに階級の区別という言葉が、「身分」の上下関係という言葉に置き換えられている。これには重大な訳がある。現在でも縄文時代に、働く人と収奪する人といった労働分化が存在するような「階級」や「身分」は無かったと考えられてはいるが、実はそこまではいかないものの、何らかの上下関係を伴う「階層」は存在したのではないかと考える研究者が多くなってきているのである。これも、後ほどまとめてお話しししよう。

もう一つ、二〇一三年版になって新しく記述された(以前の教科書にはあったものが一度削除されたあとで復活した）のが、性別分業の視点である。男が狩猟・石器作りを、女が堅果類等の採集・土器製作を行ったという性別分業は、民族誌的な研究からみても現在の縄文時代研究において十分想定されていることである。

以上、一九八四年版の教科書と二〇一三年版の教科書における縄文時代の記述の違いを見てきた。約三〇年という隔たりをもつ、この二つの教科書に描かれた縄文時代の内容が、少なくとも同じではないということがご理解いただけたであろう。

発掘調査による成果とその理解の仕方によって、そして世相によって、縄文時代のイメージは様々に変化してきたが、これは学校で学んだ縄文時代の内容が、世代によって大きく異なっている、たとえば親と子ではその学習内容が違うということを意味している。

ここで種明かしをしておきたいが、実は二〇一三年版の記述は、一九九四年版の『詳説日本史B』の段階のものとほとんど変わってはいない。つまり、二〇一三年版の教科書は、一九九〇年代における縄文時代観によって改訂、執筆されたことになる。では、この時期に一体何が起こっていたのだろうか。

前章では、一九六〇年代における縄文時代観、すなわち「貧しく、それゆえに平等である社会」の縄文時代観の成立について言及してきた。ではその後、縄文時代はどのように語られたのであろうか。本章ではこの点について、たどってみよう。

一九七〇年代から八〇年代前半における研究

前章でも見たように、一九六〇年代に提唱された「貧しい縄文時代観」は、少なくとも一九八〇年代半ばまでは教科書に記述されていた。ところがその一方で、一九七〇年代になると縄文時代の墓のあり方、墓制の検討から当時の集団構造や親族構造などに接近を試みるような研究が行われるようになり、縄文時代の社会が当初の想定以上に複雑なものであることも判明してきていた。学問的成果が教科書に反映されるのにはタイムラグがあるから、八〇年代の教科書における記述が六〇年代の時代観そのままで書かれていたことは、ある意味やむをえないことであろう。

七〇年代から八〇年代前半における縄文社会の研究としては、林謙作《はやしけんさく》と春成秀爾《はるなりひでじ》のものが注目される。後に北海道大学の教授となった林謙作は、遺体の「頭位方向」や墓地内部の区画である「埋葬区」の検討から、当時の社会は双分制をとっており、世帯という単位が析出されていた状態であると分析したし（林一九七七・一九七九・一九八〇他）、後に国立歴史民俗博物館の教授となった春成秀爾は、成人式に上顎の犬歯を除去し、婚姻時などに下顎の切歯または犬歯を除去するという抜歯の風習の検討に基づきながら、縄文時代における婚姻のあり方や親族構造のあり方について議論を行い、当時としては画期的な仮説を提示した（春成一九七三・一九七九・一九八〇・一九八三他）。ただし、これらの研究の多くは一九六〇年代の縄文時代観を踏襲しており、当時論点となった埋葬位置の相違、頭位方向の相違、抜歯型式[1]（図7）の相違、装身具の有無・多寡といった墓に残された様々な情報（これを埋葬属性という）を、社会内における上下関係を表したものとしては捉えず、基本的には集団内における社会的地位の差や出自などといった、いわばヨコ方向の関係性の中に消化する方向性を持っていた。このような理解をする研究者は多く、現在においても縄文社会を論じる上で主たる解釈方法として存在していると言ってもよい。

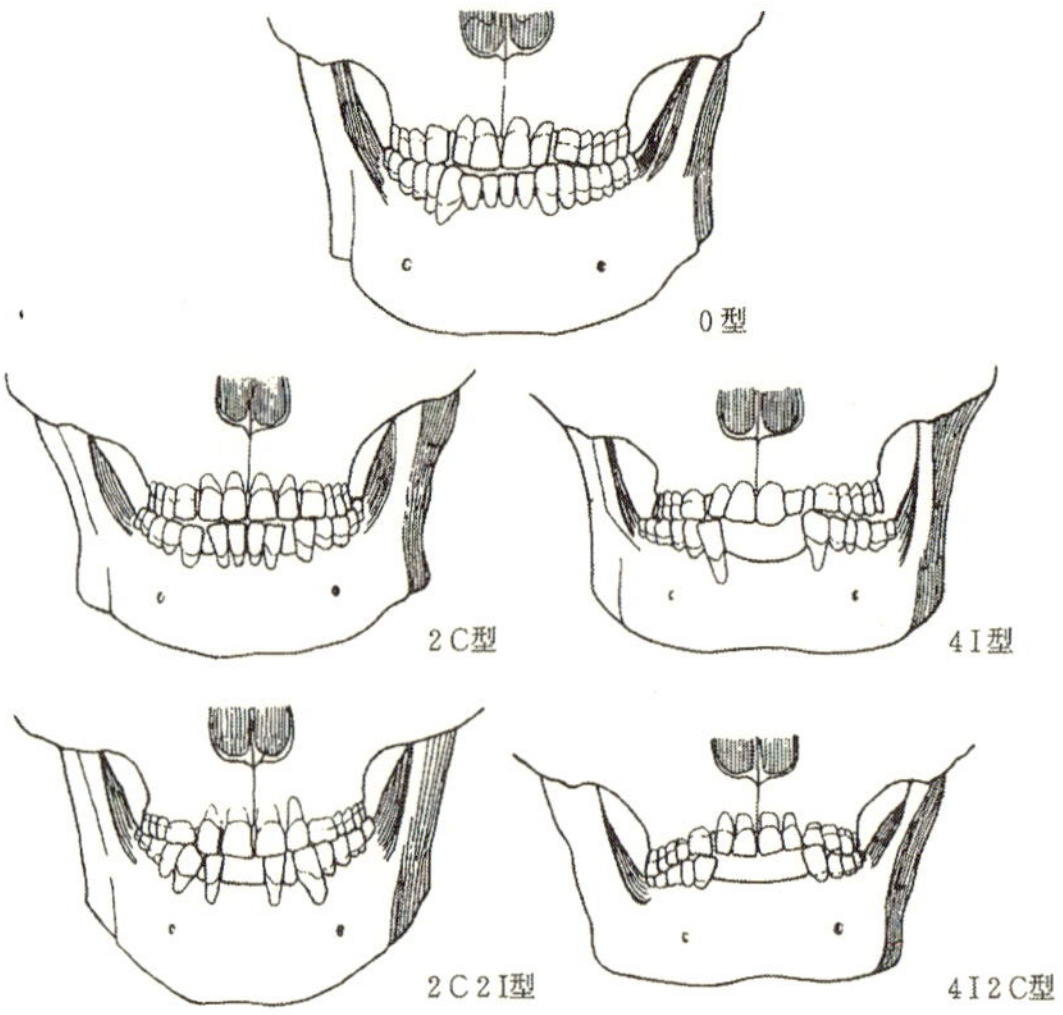

図7　春成秀爾の提示した抜歯型式（春成2002より）

豊かな時代観の台頭——タテ方向の議論

当時、ヨコ方向の社会論が主流であった一方で、一九七三年に考古学者の佐々木《ささき》藤雄《ふじお》は、『原始共同体論序説』を著し、定住性の強化・テリトリーの狭小化・生産性・分業・土地所有といった諸点を問題としながら、「不均等」をキーワードとした社会的な差異の存在に言及した（佐々木一九七三）。この佐々木の主張は、「階層」という語こそは使用していないが、縄文時代の社会内において量的な見地から測定可能な、いわばタテ方向の構造が存在することを主張したものであり、現在から見れば非常に重要な視点を提示していたということができよう。しかしながら、佐々木の議論が重要な視点として広く認識されることは、残念ながら当時なかったようである。早すぎた、ということであろうか。

縄文時代にタテ方向の構造が存在する、すなわち従来考えられていたような「平等社会」ではなく、「なんらかの上下関係」が存在するのではないかということが本格的に主張されるようになったのは、佐々木の鋭い指摘から一〇年以上が経過した一九八〇年代の後半期からであった。これは、後でも詳しく触れるが、高度経済成長の波に乗った大規模開発による、それこそ大規模な面積の発掘調査が増えたこと、さらには福井県鳥浜《とりはま》貝塚に代表されるように、木製の道具類、漆製品、木の実などの食物残滓《しょくもつざんし》といった有機質遺物が多量に残存していた低地遺跡の調査が増加し、そこから浮かび上がってきた縄文時代の人々の生活が想定されていた以上に豊かなものであったことがわかってきたこと、そしてその認知が学界内を超えて一般にも進んできたこと、すなわち縄文人が「豊かな狩猟採集民」として捉えられるようになってきたことと無関係ではない。

一九八七年、考古学者の塚原正典《つかはらまさのり》は著書『配石遺構』の中で縄文時代の社会組織に言及し、配石遺構内における手厚く葬られた埋葬例の存在や、墓地の分節のあり方、葬法や副葬品における格差から、縄文時代後期以降の社会がある程度「階層化した社会」であり、分節化した高度な社会組織を有していたことを示唆した（塚原一九八七・一九八九）。この塚原の言説は、一九八〇年代後半以降に増加する「縄文時代に階層社会が存在した」とする「縄文階層化社会論」の中では、最も早い時期のものである。

同じ頃、國學院大學教授として縄文時代研究をリードしてきた小林達雄《こばやしたつお》は、縄文時代の社会を理解するために北米北西海岸先住民の民族誌を積極的に援用し、晩期の亀ヶ岡《かめがおか》文化には奴隷が存在してもおかしくはないと述べ、成人女性と子供の合葬例を母子合葬例ではなく、貴族の子供と奴隷の合葬例と考えることもできると主張して、従来の縄文社会のイメージに対して疑問を投げ掛けた（小林一九八八a、佐原他二〇〇一など）。同様の見解は、小林達雄からの教示としながら、後に国立歴史民俗博物館館長となる佐原真《さはらまこと》によっても提示される（佐原一九八五）。これらの言説も、縄文時代に階層が存在すると主張した議論の中では、早い時期のものである。

しかしながら小林達雄・佐原真といった影響力の強い二人の研究者の発言は、その後に大きく展開していった「縄文階層化社会論」に対して、払拭しがたい印象を与えることとなった。それはすなわち、身分の高い子供と奴隷の合葬（すなわち奴隷の殉葬）ということになると、多くの場合意識するしないにかかわらず、古代メソポタミアや古代中国などにみられたような階級社会におけるそれを連想させるからである。このことは、多くの研究者に階層と階級を混同させ、それゆえに縄文時代における階層の存在を最初からネガティブに受け止めさせてしまう遠因ともなったことは否めない。

このような初期の言説のうち、おそらくもっともインパクトのあった主張は、東京大学教授であり民族学の泰斗であった渡辺仁《わたなべひとし》が一九九〇年に刊行した『縄文式階層化社会』であろう（渡辺一九九〇）。渡辺は、「縄文社会の構造基盤は、富者層と貧者層の分離による階層制であった」、「縄文社会は階層社会といえるが、権力社会ではない」」、「縄文時代の階層社会は男性の生業分化（クマ・カジキ猟）によって進展した」などと述べ、豊富な民族誌の知識をバックボーンとしながら、縄文時代と北米北西海岸先住民、シベリア、アイヌ等の社会と縄文社会を積極的に比較対照した。その主張の中には、貴族・貧富の差・階層性・権力・威信などといった、これまでにおける縄文社会の研究では使用されてこなかった語句が多々含まれていたために、是非を問わず縄文時代の研究者に様々な形で影響を与えることとなった。

一方で、青森県三内丸山遺跡をめぐる一連の言説の中から、急進的な意見も台頭する。たとえば国立民族学博物館名誉教授の小山修三《こやましゅうぞう》らは、三内丸山遺跡の調査成果を北米北西海岸の民族誌と積極的にすり合わせ、縄文時代において貴族層・庶民層・奴隷に区分される「階層社会」の存在を主張し、この時代すでに「都市」があり、「商人」が存在していたとさえ発言した（小山一九九六、岡田二〇〇〇、小山・岡田二〇〇〇など）。これらの言説は、階層・奴隷・都市・商人といった刺激的な語句を用い、頒布数の大きな書籍を通じて、「歴史を書き換える大発見」として広く一般に喧伝された。このような情報発信は、様々な媒体によって忖度され、ややヒステリックな反応を呼び起こした。たとえば、『謎の東北王国・三内丸山——くつがえされた縄文の常識』などといったタイトルが躍る雑誌が刊行されるにいたっては、商業的に過ぎ、もはや学問的冷静さを失ったものだ。私自身も三内丸山遺跡の報道に接し、これはすごいなとは思ったが、正直なところこれまでの縄文時代観がひっくり返るような発見との報道には違和感を持った。むしろ、各地の遺跡における出土例や研究成果によってこれまで断片的に理解されてきた縄文時代のイメージが、ようやくまとまってワンセットで把握できる遺跡が出てきたという感慨の方が大きかった。

三内丸山遺跡に関する急進的な言説には、現在までに多くの批判が寄せられており、この点も縄文階層化社会論に対して、ネガティブな印象を抱かせる一因があったと言えるだろう。ただし、これらの言説が、全面的に責められるべきものではないことも、また押さえておきたい。というのは、開発工事から緊急に遺跡を保護するために、活用価値を高めるためにという目的もさることながら、マスメディアはしばしば、やや誇張した表現を使うことがあるためである。三内丸山遺跡自体は、本当にすごい遺跡であるので、事実面においてこのような誇張をしてもしすぎるということはないのだが、それにしても「東北王国」のキャッチフレーズは誤解を生じやすく、ちょっとやりすぎだろう。

考古学者で当時國學院大學助手であった中村大《なかむらおおき》は、かねてより秋田県柏子所《かしこどころ》貝塚における子供の埋葬例のあり方などから、亀ヶ岡文化における階層性の存在を主張していたが（中村一九九三など）、その論旨を「墓制から読む縄文社会の階層化」の中でまとめている（中村一九九九）。中村は「特定の地位や集団に属する人々が、他人とは異なる装身具や副葬品を保有するならば、その社会は不平等社会である」と述べ、「縄文社会は不平等社会としたうえで、その社会的不平等が固定化され、個人の地位が世襲的な制度となった段階」を階層社会と定義した。そして「亀ヶ岡文化圏での子供の副葬品の保有率の高さは〝子供への投資〟の一環であり、階層化社会の世襲的な側面を示す現象だと解釈することができる」とし、縄文時代晩期には階層化社会が成立していたことを主張した。

「子供への投資」とは、少々耳慣れない言葉であるが、中村によれば以下のような意味である。

「階層化した社会では子供の誕生から成人までの様々な節目に、祭宴などで富が投資されるという。子供の価値を高め周知させることは、権威継承の準備であるばかりでなく、より良い結婚相手を得るためでもある。階層化社会では、一般的に上位階層間の婚姻関係が成立しており、上位階層の家族は、より富める相手との親戚関係を求め、さらに豊かになる機会を得る。それが、彼らの地位の向上と維持につながるのである。そして子供が早死にした場合にも、この戦略の一環として豊富な副葬品など財の出資が予想される。つまり死者を盛大にあの世へ送り出すことで、死者の地位の高さを再認識させるとともに、死者と系譜関係にある生者たちの身分の高さを示すのである」（中村一九九九）。言い方は悪いが、要するに、現代でいうと、子供にピアノやバイオリンなどのお稽古ごとをさせたり、きれいな服で着飾ったり、あるいは有名私立・国立の幼稚園や小学校などへ入学させることで、子供の知力だけではなく親の経済力を他者に対して示し、子供ひいてはその家の威信や「格」をあげるということだ（もちろんすべての人がそうだと言っている訳ではないし、子供のためを思って、親が愛情を込めて一生懸命になっているのは言うまでもない）。万一、子供が亡くなってしまった場合でも、盛大な葬式をあげて上記の点を他者に再認識させるということだ。中村の研究は、子供への投資の有無（子供の厚葬）が階層化社会を考える上で鍵となることを示したという点において重要である。

二〇〇二年に佐々木藤雄は「環状列石と縄文式階層社会」を発表し、「集落中央広場や環状列石に葬られた人と葬られなかった人、その中心部に葬られた人と外側に葬られた人、さらには明瞭な埋葬施設さえ持つことのなかった人それぞれの意味に対する根本的な検討が必要であろう」と重要な指摘を行うとともに、環状列石など特殊な墓地における墓の数は、一集落ないし隣接する集落群という枠組みに対しては多すぎるとしても、その上位に想定される「地域内小集団」や

図８　秋田県大湯環状列石（写真提供：鹿角市教育委員会）

「地域共同体」という枠組みに対しては少なすぎるのではないかとも述べ、祖先祭祀の高次化されたステージとしての環状列石は、何よりもそれ自体が不平等な葬送と祭儀の場として存在していた、と主張した（佐々木二〇〇二、図８）。また佐々木は、環状列石をはじめとする大規模記念物や墓地、祭祀施設、あるいは奢侈品《しゃし》といった特殊な遺構・遺物のあり方のみに関心を向けるのではなく、経済的・社会的な諸条件を含めた総合的・複合的な視点の必要性を説いている（佐々木二〇〇二・二〇〇五など）。

　現在國學院大學教授を務める谷口康浩《たにぐちやすひろ》も、二〇〇五年に『環状集落と縄文社会構造』を発表し、その中で環状集落の成立という動きの中に、分節的部族社会の成立と出自集団の発達を、環状集落の解体という動きの中に、首長制社会を特徴づける特殊化・階層化の要素の増幅、社会構造の変化を捉えており、階層の定義や考古学的な証拠の見方だけではなく、階層化を必然的に発生させ助長してゆく要因、特に経済的な要因に関する考察が重要であると指摘する。

早稲田大学教授の高橋龍三郎《たかはしりゅうざぶろう》は、二〇〇一年に「総論：村落と社会の考古学」、同年に「縄文後・晩期社会の複合化と階層化過程をどう捉えるか――居住構造と墓制よりみた千葉県遺跡例の分析」、二〇〇三年に「縄文後期社会の特質」を発表し、縄文時代における「階層化社会への傾斜」を強く主張した（高橋二〇〇一a・二〇〇一b・二〇〇三）。そして二〇〇四年の「縄文社会の階層化過程」の中では、社会階層化過程の兆候として、一〇項目の指標を提示している（高橋二〇〇四）。しかし、その一方で「縄文時代に階層社会が存在したかどうかについては、筆者は疑問を持っている。むしろその過程にある社会とみなした方が適切であろう。その意味で筆者はB・ヘイデンの提唱するトランスエガリタリアン社会（階層化過程にある社会）に近似した社会であろうと考える」と述べるとともに、縄文時代が位階社会に含まれるとも述べている。高橋の一連の言説には階層化社会という言葉が非常に多く用いられており、一見高橋自身が縄文階層化社会論を強く主張している観があるが、実際には高橋自身は縄文時代に階層化社会があったとは明言しておらず、慎重である。このあたり、いわゆる縄文階層化社会論者の間でも、想定している内容と程度には違いがあることを見て取れる。

以上が、一九七〇年代から二〇〇〇年代にかけての縄文時代の社会に関しての、ざっくりとした研究動向である。一九七〇年代から、縄文時代の社会における複雑性については議論が行われてきたが、それはいわばヨコ方向の議論であった。それが一九八〇年代後半からタテ方向の議論が台頭し、九〇年代から二〇〇〇年代の前半はまさに「縄文階層化社会論」が席捲する。それが、この時期の縄文社会に対する理解である。

縄文時代において階層化社会が存在したのかどうかという点、その言説がどのように展開していったのかという点については、すでに『老人と子供の考古学』（山田二〇一四）の方で議論を行ったので、そちらを参照していただきたいが、本書で是非検討しておきたいのは、何故に後述するような「豊かな縄文時代」から発生した「縄文ユートピア論」が八〇年代に登場し、縄文階層化社会論が九〇年代から二〇〇〇年代にかけて台頭したのか、という点である。

　私はこのような縄文時代観の変遷が、当時の世相による影響を受けたものと理解しているが（山田二〇〇六）、このような議論については、実は先行研究がある。当時大阪大学助教授であった都出《つで》比呂志《ひろし》は、『岩波講座　日本考古学』第七巻において「日本考古学と社会」を執筆し、雑誌『考古学研究』における論文のテーマが、日米安保やベトナム戦争などの世相の動向とほぼ一致していることを指摘している。（都出一九八六、図9）。都出のこのような研究こそ、メタ考

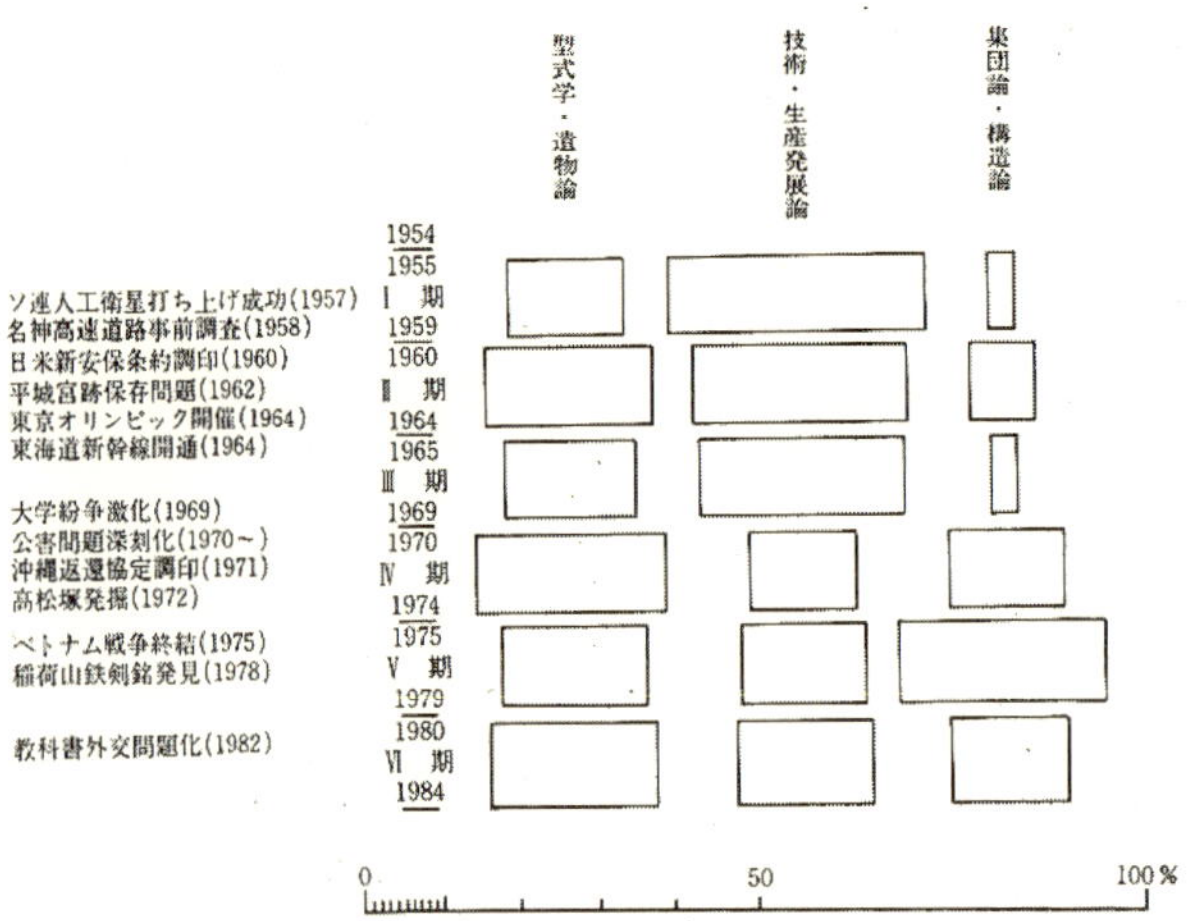

図9　都出比呂志による考古学論文のテーマ数の増減（都出1986より）

古学の先駆けとして記憶されるべきであろう。

一般における七〇年代の縄文時代像

ではここで、一九七〇年代の一般向けの雑誌や図書において、「縄文時代」がどのように扱われていたのか、上述した専門家による縄文社会の研究動向を踏まえた上で、概観してみよう。

一九七一年七月に『文藝春秋デラックス』第三巻第七号が刊行されたが、そこで扱われたテーマは「古代遺跡とUFOの謎」であった。この中で、前SFマガジン編集長の南山宏が「日本古代史に謎を見た」という記事を執筆し、宇宙考古学者の説として、青森県亀ヶ岡《かめがおか》遺跡から出土した遮光器土偶《しゃこうきどぐう》が宇宙人を模したものであるとする説を紹介する。宇宙考古学とは、「UFO（空飛ぶ円盤）で地球にやって来ている宇宙人は、実は数千年も前から地球を訪れていて、彼らこそ私たち人間に文明の基礎を与えてくれた存在であり、それを解き明かそうとする『超歴史学』のこと」とされており、現在でも時折耳にする言説だ。おそらく、これが初出ではないだろうが、発行部数の多い雑誌に掲載されたことは、話の拡散には大きな役目を果たしたことであろう。ここに、考古学とオカルト的言説のリンクをみることができる。なお、宇宙考古学については木原《きはら》善彦《よしひこ》が『UFOとポストモダン』の中で簡潔に、その出現背景とともに内容をまとめているので、興味のある方はそちらをお読みいただきたい（木原二〇〇六）。

一九七七年三月には、『産報デラックス99の謎』歴史シリーズの第三巻として、「消えた縄文人——追跡！　日本列島の遥かなる住人」が刊行される。考古学者で当時慶応大学教授であった江《え》坂輝彌《さかてるや》の執筆・監修になるもので、土偶の謎、縄文土器の謎、宗教の謎など九九の謎が考古学的に、時には民族学的視点を取り入れながら解き明かされる趣向になっている。これにはオカルト的な側面はないものの、ラオスや極北地方をはじめとする諸民族の写真が多用されており、エキゾチックな雰囲気も醸し出されている。また、縄文時代の人々が、ドングリをはじめとする堅果類を主食にしていたなど、植物質食料の重要性が説かれる一方で、藤森栄一《ふじもりえいいち》によって唱えられた縄文中期農耕論や焼畑に関する記述も存在する。

一九七八年五月には『歴史読本』第二三巻第六号で「原日本人100の謎」が特集された。この中で、考古学者で当時國學院大學講師であった麻生優《あそうまさる》が、縄文人一〇の謎として、(1)縄文時代と縄文人、(2)縄文時代の人口と寿命、(3)縄文人の生業、(4)縄文人の食物、(5)縄文人の特徴、(6)縄文人の地域社会、(7)縄文人の集落、(8)旧石器時代と縄文人、(9)縄文人と弥生人、(10)縄文人の習俗、を取り上げている。少なくとも、この項目に関しては、いたって学術的である。

年は前後するが、一九七六年に刊行されたアマチュア考古学者である楠本政助《くすもとまさすけ》の『縄文人の知恵にいどむ』は、その年の青少年読書感想文全国コンクールの課題図書に選定されている(楠本一九七六)。これにより、多くの少年少女たちが本書を読み、縄文時代の暮らしに思いを馳せたに違いない。そして、この本の帯に書かれたキャッチフレーズは、「きみもなぞ解きを試してみないか?」であった。

わずか雑誌三冊、図書一冊を見ただけだが、それだけでも共通する語が一つ目に付く。それは「謎」という語だ。七〇年代における縄文時代への「まなざし」のキーワードは、どうやら

「謎」にあり、そしてそれを解き明かそうとすることにあるようだ。

七〇年代の世相

翻って七〇年代という時代をみると、なかなか興味深い。七〇年代を彩る言葉はたくさんある。たとえば、「ディスカバー・ジャパン」である。もともとは一九七〇年に始まった国鉄のキャンペーンであったが、新幹線網の整備と拡大、大阪万博後に顕著となった個人旅行者の増加とともに、日本各地における美しい風景を訪れ、その地の歴史や伝統などを追体験するという、いわば日本の再発見運動となったものである。これは当時創刊された「an·an」や「non - no」などの旅行企画と連動して、おしゃれなファッションで各地の文化遺産を訪れる「an - non 族」を生み出した。これも長い目でみれば、日本人のアイデンティティの探求、さらには自分探しの一環であろう。加藤登紀子が歌った名曲「知床旅情」のヒットもこの時だ。ちなみに国鉄の「ディスカバー・ジャパン」キャンペーンの副題は、「美しい日本と私」であった（図10）。最近どこかで聞いたような気がしないでもない。

一九七〇年は、甘味料チクロが発ガン性を指摘され全面禁止、コインロッカーベビー第一号の登場、よど号ハイジャック事件、映画「いちご白書」の日本公開、ウーマン・リブ運動の上陸、三島由紀夫《みしまゆきお》の割腹自殺、アポロ13号の事故など、不穏な空気が広がった時期でもあった。

一九七一年にはニクソンショック、一九七二年には連合赤軍による浅間山荘事件が起こり、パンダも来日し、札幌冬季五輪開催、天地真理《あまちまり》の活躍など、多くの人々がテレビに釘付けになった。

一方で同年には、沖縄が返還され、「今太閤」田中角《たなかかく》栄《えい》が総理大臣となり、「日本列島改造論」を実行に移す。これによって地価は東京圏で三五・九％も上昇する。地価高騰、物価上昇、公害・環境問題の悪化は、まさしく流行歌同様「どうにもとまらない」状況に陥っていった。一九七三年には、第一次オイルショックが始まる。原油価格が一バレル三・〇一ドルから五・一二ドルへ、さらに一一・六五ドルへと短期間の内に四倍弱も引き上げられた。このため、当時「狂乱物価」といわれたように、一九七四年には物価が約二三％（消費者物価指数）も上昇する。世の中は「公害問題」に揺れ、日々「光化学スモッグ」でバタバタ倒れる子供が出るなど、経済的にも環境的にも非常に不安定な中、一九七四年には映画「エクソシスト」が、一九七七年には「決してひとりでは見ないでください」というCMが印象的だった「サスペリア」が日本で公開され、漫画家つのだじろうの「うしろの百

図10　国鉄の「ディスカバー・ジャパン」のポスター（「DISCOVER JAPAN・40年記念カタログ」から）

太郎」や「恐怖新聞」が人気となるなど、空前のオカルトブームが到来し、今度は人々の精神的な不安定さを直撃した（一柳編二〇〇六）。また、当時来日したユリ・ゲラーによってスプーン曲げなどの「超能力」が公開されるやいなや、日本各地でもＳ少年やＫ少年といった「超能力少年」が出現した。私も子供の頃、スプーン曲げに挑戦したし、空を見上げてはＵＦＯが飛んでこないか、テレビをみては心霊現象の特集がないか、自分の家のアルバムをひっくり返しては心霊写真がないか探したものである。学校でも、特に女子の間で「こっくりさん」が流行っていたし、「ノストラダムスの大予言」を友達と読んで、一九九九年七月に人類が滅亡したらどうしようか、「口裂け女」に会ったらどうやって逃げたらよいか、本気で考えていた。

社会不安が広がり、日本人のアイデンティティが改めて求められるという世相の中で、オカルト的要素を包摂しつつも、歴史のかなたに消えてしまった「縄文人の謎」が取り上げられてきたのは、社会学的にも実に興味深い現象であると言えるだろう。そういえば、映画「エクソシスト」の冒頭シーンも遺跡の発掘現場であった。考古学とオカルトの間には、どこか共鳴する部分があるようだ。

一九八〇年代前半からバブル景気下の縄文時代像

一九八〇年代に入る直前、一九七九年にはイラン革命の勃発によって、イランからの石油輸入がストップし、日本は第二次オイルショックに見舞われる。再び社会的に不安な状況が巻き起こった訳だが、しかしながら、第一次の際に対応策を学習していた日本はこれをかろうじて乗り切

図11　ジュリアナ東京の様子（写真提供：朝日新聞社／ユニフォトプレス）

り、その後の景気拡大期へとつなげていった。一九八六年ころから一九九〇年まで、雰囲気としては一九九二年ころまで継続していた、土地や株券などといった資産価格の上昇と好景気のことを、平成バブル景気とか、単にバブルと呼んだりする。テレビでバブル景気を取り上げる際には、参考映像としてしばしばジュリアナ東京などで大型の羽付き扇子（ジュリ扇という）を激しく振りながらマキシマイザーの曲に合わせて踊りまくる女性たちが映されたりするが（図11）、その姿が象徴するように当時の経済の狂乱ぶりは、同輩の読者の方ならご存じであろうし、実際に体験したことのない方も、これまでに様々なメディアの紹介を見たり聞いたりしたことがあるだろう。

年齢で行くならば、新人類と呼ばれた私たちの世代などが、この恩恵にどっぷりと浸かったということになるが、「まじめな」考古学徒であった私は、実際にそのような恩恵にあずかった覚えはない。東京あたりの発掘調査では、調査員に一日二万円もの賃金が出たそうだが（これは本当だ）、当時大学生の地味な考古学徒であった私は日給四一〇〇円の発掘調査のアルバイト（これも本当）を夏休み期間などに、そうでないときには、時給四三〇円で飲み屋の皿洗いのアルバイト（これも悲しいかな本当だ）をコツコツとこなし、給料をもらうと神田の古本屋街へと出かけていった。欲しかった遺跡の発掘調査報告書を見つけても、たとえば千葉県の『貝の花貝塚《かいのはなかいづか》』などは一冊六万円もの値段がつけられており、到底手が出るものではなかった。この時節、時給一〇〇〇円でも人が集まらないという話を新聞で読んだが、本当に隔世の感がする。

さてここで、手元にあるアサヒグラフの『古代史発掘――一九七八～八二年新遺跡カタログ』および『新・古代史発掘――一九八三～八七年新遺跡カタログ』、『古代史発掘――一九八八～九〇年新遺跡カタログ』から、この時期の縄文時代の遺跡として、どのようなものが注目され、メディアに取り上げられていたのか、特に縄文時代の社会像に関わるものを、年ごとに見出しとともに概観してみよう。

一九七八年　三〇万個の大環状集石群：長野県阿久《あきゅう》遺跡

この年の注目遺跡は、なんと言っても阿久遺跡における大集落の発見であろう。馬蹄形に連なった三〇棟もの竪穴住居は、当時想定されていた縄文時代の集落の大きさを大きく超えるものであり、その中央広場には「方形配列土壙群《ほうけいはいれつどこうぐん》」とよばれる高床式の建物の跡が八棟分確認されている。研究者の中には集落の規模と計画性から「縄文都市」と呼んでもよいといった人もいたようだ。また、時期は異なるものの、直径一二〇メートルにおよぶ大環状列石も発見されている。誌面では、「〝縄文都市〟そして大環状集石という阿久遺跡からうかがえる縄文前期の社会は、従来の想像を絶する安定したエネルギーをもったものである」と評価されている。「縄文都市」の語が、すでにこの時期にはメディアにおいて使用されていたのは興味深い。このようなフレーズで、縄文時代の新発見をフィーチャーすることは、すでに七〇年代に存在した古典的な手法であった。

一九七九年　〝世界最古〟の豆粒文土器《とうりゅうもん》[2]：長崎県泉福寺洞穴遺跡《せんぷくじどうけつ》
一九八〇年　大量の糞の化石は縄文時代のメニューを再現するか：福井県鳥浜貝塚《とりはまかいづか》
大宗教センターか　壮大な配石遺構：山梨県金生遺跡《きんせい》
火山灰に埋もれた〝神殿〟：静岡県大塚遺跡《おおつか》
巨大な環状列木：石川県チカモリ遺跡
巨大土偶とトーテムポール：岩手県萪内遺跡《しだない》

「一九八〇年は縄文人の精神生活をうかがわせる発見の〝当たり年〟であった」と、アサヒグラフ誌面には書かれている。まず、「鳥浜貝塚からは真っ赤な漆塗りの櫛が出てきて、当時の人たちのファッションがかなり進んでいたことに驚かされる」としている。また、糞石が五〇〇点も出土し、これによって縄文人の食事のメニューがわかるし、寄生虫の卵が見つかれば農耕文化開始の決め手にもなるとされている。金生遺跡は、周辺のいくつかのムラの共同祭祀センターとされ、その「見方が当たっているなら、当時の社会は従来考えられていた以上に高度に組織化されたものであったとも考えられる」と書かれている。チカモリ遺跡で発見された環状列木は、それ自体の性格もさることながら、注目されているのは直径八五センチにもおよぶ半円形状の柱である。当時、これだけ太い柱を使う技術を縄文人たちが持っていたことに驚きの声が上がっていた。

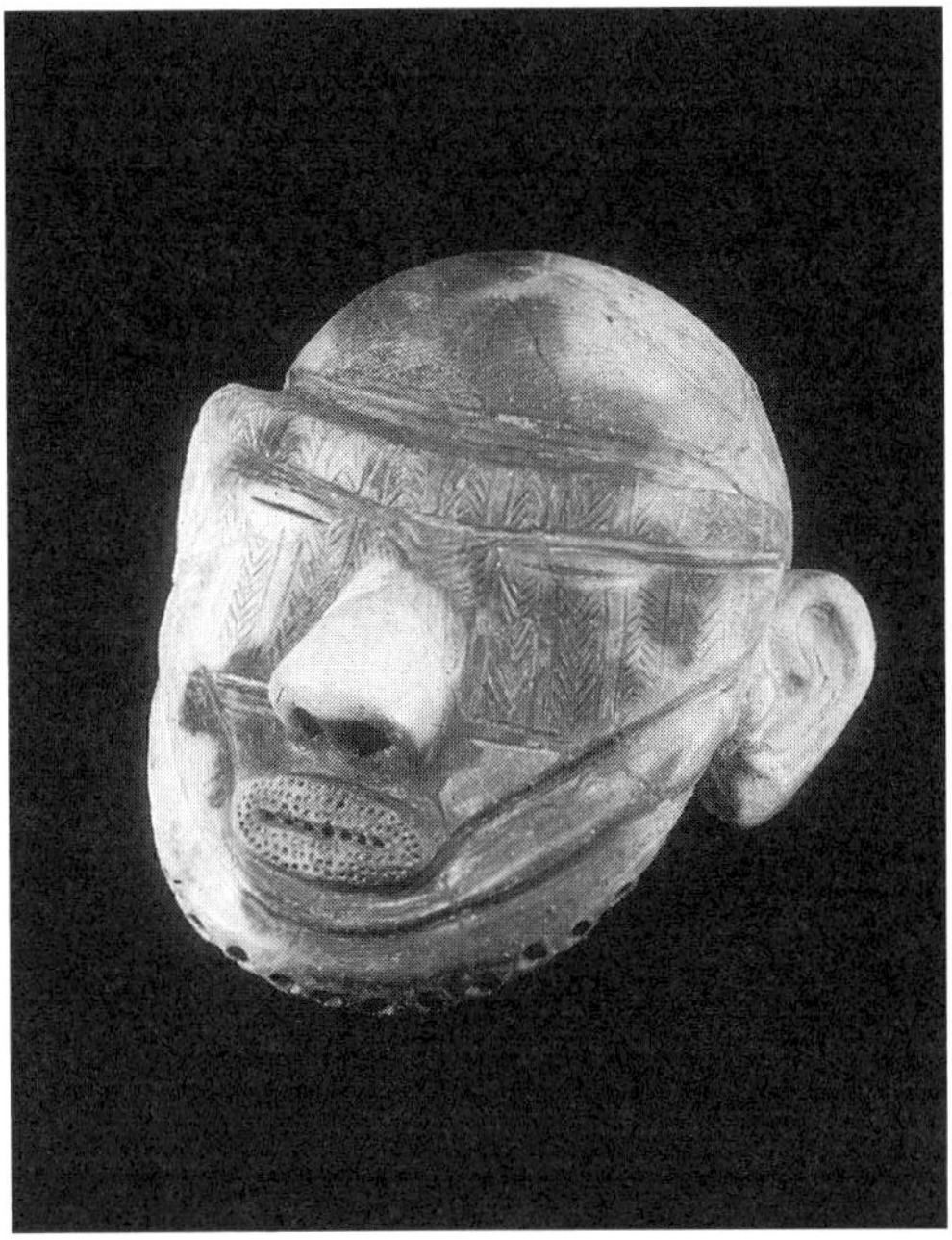

図12　岩手県萪内遺跡出土の大型土偶頭部（文化庁蔵　写真提供：（公財）岩手県文化振興事業団埋蔵文化財センター）

萪内遺跡からは、有名な大型土偶の頭部（図12）とトーテムポール状木製品が見つかっている。いずれもこれまでに類例のないものであった。

一九八一年　五五〇〇年前の丸木舟がそのままの姿で：福井県鳥浜貝塚
珍しい〝男性土偶〟や〝犬笛〟：山梨県釈迦堂《しゃかどう》遺跡群

当時、鳥浜貝塚の調査が継続的に行われており、多くの発見がもたらされていたことがわかる。また、釈迦堂遺跡群のうち、三口神平《さんこうじんだいら》地区からは広場を囲んで二〇〇棟もの竪穴住居が検出された。土器捨て場からは、四〇〇〇点以上もの大量の土偶が出土し、その中には〝男性土偶〟とされたものも含まれていた。現在ではこの土偶は、出産光景を写したものと考えられ、「出産土偶」と呼ばれている。集落の規模もさることながら、土偶の出土量の多さに驚きの描写が行われている。

一九八二年　出産をリアルに表現した土器：山梨県津金御所前《つがねごしょまえ》遺跡
大量のイルカの骨と巨木木柱痕：石川県真脇《まわき》遺跡
縄文のタイムカプセル：福井県鳥浜貝塚

真脇遺跡から出土した、大量のイルカの骨は、縄文時代の人々が集団でイルカの追い込み漁をしていたことをうかがわせる。縄文時代の人々も組織だった形で漁撈を行っていた証拠として、取り上げられている。

一九八三年

姿を現した〝ウッドサークル〟：石川県真脇遺跡
縄文農耕論に新たな資料：福井県鳥浜貝塚
縄文人は樹皮に包まれて埋葬されていた：北海道美々《びび》4遺跡
土器を復元したらレリーフが浮き出てきた：青森県韮窪《にらくぼ》遺跡

鳥浜貝塚からは、シソやエゴマ、緑豆、ゴボウの種子が見つかっており、「縄文人たちは自然の幸を採集するだけではなく、〝栽培〟もしていた証拠といえそうだ」と記述されている。そして続けて「日本の縄文時代は、世界的にみると〝農耕、牧畜なき新石器時代〟といわれてきたが、マメやゴボウを作っていたとすれば、牧畜はともかく〝農耕〟をやっていたと考えてもいいのではないか」と筆が進んでいる。ちなみにこの緑豆、現在ではヤブツルアズキと考えられており、どうやら栽培種ではなさそうだ。
すでに、少々「お腹いっぱい」になってきたかと思うので、ここからは年ごとの見出しを挙げていくことにし、必要に応じて説明を入れよう。

一九八四年

〝縄文の博物館〟から三日月模様の彫刻木柱：福井県鳥浜貝塚
北の〝宝の山〟から赤ウルシ塗りの弓片：北海道ニナルカ遺跡
新幹線の工事現場からほぼ完全な丸木舟：東京都中里《なかざと》遺跡
縄文で最大級を誇る竪穴住居跡が現れた：千葉県吉見台《よしみだい》遺跡群

縄文では前例のない枕石つきの石棺状墓：長野県岡ノ峰《おかのみね》遺跡
ダイナミックに行動していた縄文人：長崎県伊木力《いきりき》熊野神社《くまのじんじゃ》遺跡

鳥浜貝塚が「縄文の博物館」と呼ばれていることには注意しておきたい。低湿地遺跡からは、台地上の遺跡には残されていない、有機質の遺物が保存されていることからの命名であろう。この年、島根県荒神谷《こうじんだに》遺跡において銅剣三五八本が見つかり、古代出雲への関心がたかまった。

一九八五年
「西日本経由のほかに中国ルートがあった」：青森県今津《いまづ》遺跡
丸木舟を使って海を渡っていた⁉：長崎県伊木力遺跡
現代の茶器と見まごう美的感覚満点の土器：福井県鳥浜貝塚
黒潮を越えた縄文人の冒険心：東京都倉輪《くらわ》遺跡

今津遺跡からは、中国から出土する鬲《れき》（三足状の煮沸具、これに甑《こしき》を乗せてコメやアワを蒸す）に類似した三足土器が出土し、当時中国大陸との交流があったことを想定させた。倉輪遺跡は八丈島にある遺跡で、埋葬人骨のほか、滑石製の玦状《けつじょう》耳飾り[3)]や「の」の字形の垂れ飾りなどが出土し、当地の縄文人たちが黒潮を越えて本土と交流していたことがわかる。

一九八六年
〝クルミ塚〟から赤彩のヒョウタン片：富山県南太閤山《みなみたいこうやま》Ｉ遺跡

一九八七年

手形と足形のついた完形の土版三枚がでた：青森県大石平《おおいしたい》遺跡

男女の性器を描いたレリーフ付き土器：新潟県井《い》の上《うえ》遺跡

縄文女性の〝流行〟は入れ墨・耳飾り・腰蓑《こしみの》：山梨県石堂《いしどう》遺跡

生活のチエを思わせる食糧貯蔵穴と瓢簞《ひょうたん》出土：熊本県曽畑《そばた》貝塚《かいづか》

張り出し部分の意味は？　ナゾ秘める特異な石の輪：秋田県大湯環状列石《おおゆかんじょうれっせき》周辺遺跡

なぜ破壊されなかった豊満な〝縄文のビーナス〟：長野県棚畑《たなばたけ》遺跡

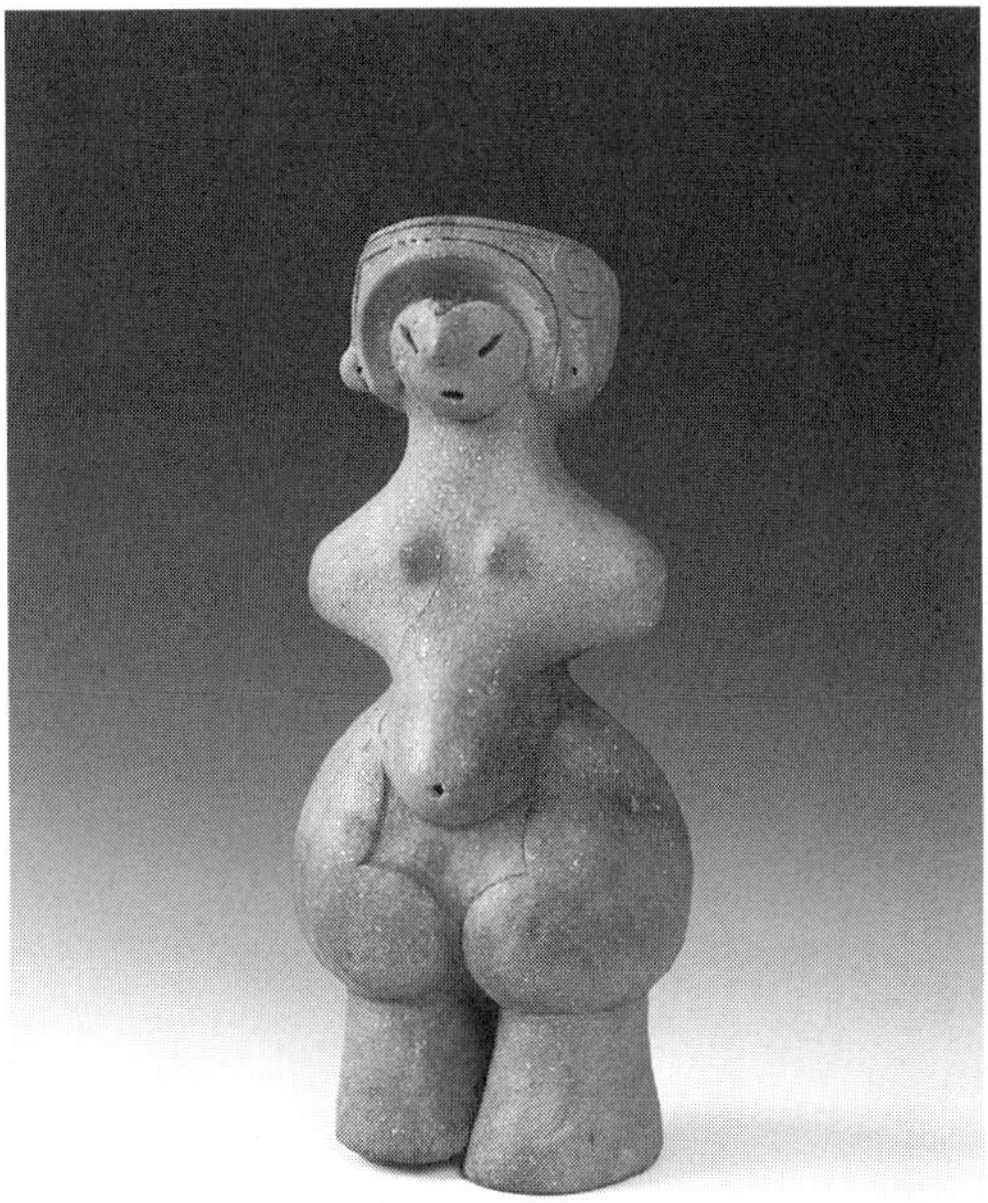

図13　長野県棚畑遺跡出土の「縄文のビーナス」（写真提供：茅野市尖石縄文考古館）

現在は国宝に指定されている棚畑遺跡の「縄文のビーナス」が出土したのもこの年だった。ヘルメットを被ったような髪型、周産期であることをうかがわせる腹部、特徴的なお尻の形など、まさに縄文の女神（ビーナス）にふさわしい（図13）。

一九八八年　漆こしに編んだ布を使用していた：石川県米泉《よねいずみ》遺跡
日本海ルート裏付ける南海産の貝輪が出土：北海道有珠《うす》一〇遺跡
何に使われたか西日本初の大型住居跡？：福岡県中村石丸《なかむらいしまる》遺跡

一九八九年　床面に遺物がびっしり常識破りの百畳敷き：山形県一ノ坂《いちのさか》遺跡
早期にまれな長方形　何のための配石遺構か：熊本県瀬田裏《せたうら》遺跡
九千年前の半定住集落？　わが国最古の大型住居跡：青森県中野平《なかのたい》遺跡
類例のない石積み法　本格的な環状列石出現：青森県小牧野《こまきの》遺跡
通例に当てはまらない修復跡のあるナゾの土偶：青森県風張《かざはり》遺跡

この年は「邪馬台国が見えてきた」という吉野《よしの》ヶ里《がり》フィーバーに沸いた年であった。後年の三内丸山フィーバーなど「大発見」にまつわる方法論、ちょっと意地の悪い言い方をすれば、遺跡の調査成果を活用しながら、どうすれば文化財保護、地域経済振興、地域ナショナリズム的観点から盛り上がることができるのか、さらには記事が売れるのかという win-win の仕掛け方は、これがモデルとなったと言ってよい。また、一ノ坂遺跡から検出された特大の大型住居跡は、特別な人々の住居なのか、共同の集会場ないしは作業場なのか、その性格が喧《かまびす》しく議論された。

一九九〇年　最大規模の住居跡とデザイン優れた耳飾り：群馬県茅野《かやの》遺跡

漁の魔除けか〝弓矢〟状の配石遺構：岩手県門前《もんぜん》貝塚

これらの見出しを追うだけでも一九七〇年代後半から一九八〇年代にかけての新たな発見によって、集落・集団規模、生業、土木技術、航海術、精神文化と、一九六〇年代に形成された「貧しい縄文時代」のイメージが塗り替えられていく様子がみてとれるだろう。

上記のような「教科書を書き換える」発見が相次ぎ、世の中がバブルに踊っているさなかの一九八七年、「芸術新潮」一二月号では、「いざ行かん！　縄文ユートピア」と題して縄文時代の特集が組まれる。まさに「縄文ユートピア論」の提示である。人間と自然が共存し、格差や階級や戦争もなく、日々を自由に生き、平和な暮らしを謳歌した時代というイメージは、二〇世紀も終わりに近い日本の人々にとって、現代社会の息苦しさから解放されたユートピアに見えたのである。

バブル崩壊からロスジェネ期の縄文時代観と三内丸山遺跡

続いて、縄文階層化社会論が台頭していった一九九〇年代ではどうか。これもアサヒグラフの『日本の発掘一九九一―一九九五』、および『日本の発掘一九九六―一九九八』から拾ってみよう。

一九九一年　縄文のシャーマンか　ヒスイで飾った女性：岩手県大日向《おおひなた》Ⅱ遺跡

一時期に五〇～一〇〇軒も縄文最大の環状集落：青森県富ノ沢《とみのさわ》（2）遺跡

一九九二年　　乱獲せず自然と共存　旬を味わった縄文人：滋賀県粟津湖底《あわづこてい》遺跡
　　　　　　　豊富な食生活を思わす環状集落の大型住居群：山形県西海渕《さいかいぶち》遺跡
　　　　　　　現地説明会に一万一〇〇〇人関東に北陸と似た木柱根列：群馬県矢瀬《やぜ》遺跡
　　　　　　　縄文晩期の〝環濠のハシリ〟稲作開始直後の拠点集落か：福岡県那珂《なか》遺跡

いまでは弥生時代早期に入れられることも多い那珂遺跡の事例も当時は縄文時代に入れられて報道されていた。縄文時代と弥生時代の境界を考える上で興味深い。

一九九三年　　巨大な環状盛土を築いた縄文人：栃木県寺野東《てらのひがし》遺跡
　　　　　　　本州よりも進んでいた南九州の縄文文化：鹿児島県栫ノ原《かこいのはら》遺跡

寺野東遺跡は、私も学生時代に見学に行ったことがある。直径一六五メートルにもおよぶ大環状盛土遺構のあり方は、まさに「貝殻のない、土でできた大貝塚」で、縄文時代における大規模な土木工事の存在を素直に認めることができたし、栫ノ原遺跡にしても、南九州における草創期・早期段階における内容のすごさに驚いたものだ。

そして、一九九四年、青森県三内丸山遺跡の調査成果が報道される。これについても『アサヒグラフ』からいくつか見出しを抜粋してみよう。「姿をあらわした縄文の都」、「炸裂する北方縄文世界のエネルギー」、「縄文ポシェットが語る豊かな人々」。一九九五年には、「およそ五〇〇年

図14　青森県三内丸山遺跡の環状配石墓（写真提供：青森県教育庁文化財保護課）

間は継続した南北対称に整然とつくられた墓」、一九九六年には「ムラへと誘う〝まほろばの道〟どんどん延びる土壙墓の列」といった具合である。

三内丸山遺跡に関する報道内容については、これまでにも様々なところで書かれているし、その功罪についてもすでに多くのコメントが存在するのでここでは繰り返さないが（今村一九九九・二〇一三、泉・下垣二〇一〇など）、「大きい・多い・長い」を基調とした三内丸山遺跡の報道、それも尋常ではないほど大量の報道を境として、一般の方々の抱く縄文時代のイメージが大きく変わったことは確かであろう。そして、一九九九年に環状配石墓《かんじょうはいせきぼ》（図14）が検出されると、三内丸山遺跡から発信される情報は縄文階層化社会論と結びつくものが多くなり（岡田二〇〇〇、小山・岡田二〇〇〇、中村二〇〇二など）、縄文社会像の見直しが改めて叫ばれるようになったのである。

これらの三内丸山遺跡の報道が熱を帯びる一方で、

「ユートピアとしての平等な縄文時代」観に変更を迫るような遺跡調査例も数多く報道されていた。これも『アサヒグラフ』誌から抜き出してみよう。

一九九四年　木組み遺構が一四カ所も　漆の櫛が語る水場の役割：栃木県寺野東遺跡
巨大柱根に運搬のための溝　知恵の高さを示す縄文人：群馬県矢瀬遺跡
火山灰に包まれ見事な壺形土器　高度な社会を思わせる〝南の縄文〟：鹿児島県上野原《うえのはら》遺跡
渡来系の人々のムラだったのか　ザクザク出土した特殊な耳飾り：福井県桑野《くわの》遺跡
環状木柱列の中心に大きな炉址　祭祀儀礼が行われた中心的集落：滋賀県正楽寺《しょうらくじ》遺跡
集落の周囲のゴミ捨て場から犬形土製品や大量の耳飾り：栃木県藤岡神社《ふじおかじんじゃ》遺跡

一九九五年　縄文時代の「生活の知恵」　クルミやトチの実の「水さらし場」：岐阜県カクシクレ遺跡
学史にそびえる大貝塚の初調査　漁労具の専門家集団がいた？：岩手県大洞《おおぼら》貝塚

一九九六年　草創期の住居跡から最古の土偶　やっぱり女性は太陽だった？：三重県粥見《かゆみ》

井尻《いじり》遺跡
排水溝を完備した団地を造成　縄文前期にすでに計画的集落：北海道美々貝《びびかい》塚《づか》北遺跡
内外に墓穴のある環状列石が三基　縄文後期の一大葬祭センター：秋田県伊《い》勢堂岱《せどうたい》遺跡

一九九六年には、島根県において銅鐸三九点が出土した加茂岩倉《かもいわくら》遺跡が発見された。遺跡名は小字名から命名されることが普通であるが、この時には意図的に町名であった加茂が小字名の岩倉の前に付けられたというのが、地元ではもっぱらの噂である。遺跡を利用した全国PRの典型例であろう。

一九九七年

南の縄文、九五〇〇年前の定住生活：鹿児島県上野原遺跡
水を誘い込み足場をつくり〝まな板〟もある加工場：富山県桜町《さくらまち》遺跡
石皿や北海道式石冠をびっしり敷きつめた最古の水場遺構：北海道北黄金《きたこがね》貝塚
道南にも盛り土遺構をもった大集落　深い住居に胞衣信仰を示す胎盤：北海道大船《おおふね》Ｃ遺跡
石皿二〇〇点がゴロゴロ　安産願う祭祀的な遺物か：山梨県塩瀬下原《しおせしたっぱら》遺跡

一九九八年

川を付け替え〝舗装道路〟もつくった豊かな営み：新潟県奥三面《おくみおもて》遺跡群
二〇センチの土が断熱材　夏なお涼しい土屋根ドーム：岩手県御所野《ごしょの》遺跡
北方や本州方面との交易拠点か　大量の貝製平玉やヒスイ製大珠：北海道船《ふな》泊《どまり》遺跡

こうして見出しを並べると、その後に国指定史跡となったり、出土遺物が重要文化財となったような「すごい遺跡の発見」が、この時期相次いでいたことがわかる。直径が一〇〇メートルを超えるような環状盛り土、幾重もの環状列石、数十メートルもの大型建物といった、多くの人々がそのエネルギーを結集させ、大規模な土木工事をしないと構築できないような施設の検出や、精巧な造作の耳飾り、漆塗り櫛、ヒスイの大珠といった特別な人物の存在をうかがわせるような資料の出土は、縄文時代の社会が単なる平等社会ではない、また違う側面を持った社会であったことを想像させた。これらの調査、研究成果が発信され、メディアがそれを取り上げていく中で、縄文時代に対するイメージが次第に変化していったことは間違いないだろう。

一九九〇年代における世相と縄文時代像

では、この間の日本の世相はどうであったろうか。

一九八〇年代後半、日本経済は株価や地価が高騰し、バブル景気に沸いていた。一九八六年には「男女雇用機会均等法」が施行されるなど、誰もが豊かな生活を享受し、社会的等質化への道を歩んでいくかのように思われた。「ブランド志向」・「グルメブーム」・「ＤＩＮＫＳ（Double Income No Kids）」・「新人類」・「究極」、といったタームが跋扈《ばっこ》する中、東西冷戦は終結し、ベルリンの壁は崩壊、昭和天皇が崩御するなど、まるでこれまでの価値観がひっくり返り、あたかも新しい時代がやってきたかのように、多くの人々が振る舞った。しかし、それが幻想に過ぎず、結果としては当時も「マル金・マルビ（貧）」という言葉で表されたように、キャッシュフローとストックの差による社会階層の再生産が急激に進展し、さらには正規雇用者と非正規雇用者の格差が急激に開いていったことは、これまでにも多くの社会学者達が指摘している（上野一九八七、大塚二〇〇四、荷宮二〇〇四、吉崎二〇〇五、三浦・上野二〇〇七、ＮＨＫ放送文化研究所編二〇〇四など）。そのような世相の中、縄文時代の社会はフラットなイメージが維持されつつも、他方では格差・階層のある社会として描かれ始めるようになる。

そして、バブル景気が崩壊し、「祭りの後」の雰囲気が漂う一九九四年に「日本最大の縄文集落」として、青森県三内丸山遺跡が「発見」される。その時の状況、言説のあり方は、実際に調査を担当した岡田《おかだ》康博《やすひろ》の『遥かなる縄文の声』（岡田二〇〇〇）に詳しいが、この報道が経済的に疲れ切った日本の人々にとって、遠い昔に想いを馳せる一服の清涼剤となったことも、また確かであろう。

一九九〇年代後半以降、日本経済は平成大不況と呼ばれるほどの苦境に喘ぎ、就職氷河期を迎える。この時期に学校・大学を卒業し社会人になった世代は、ロスジェネ（ロスト・ジェネレーション）と呼ばれ、「勝ち組・負け犬」・「セレブ」・「ミリオネーゼ」・「ヒルズ族」・「ニート」・

NEET（Not in Education, Employment or Training）」・「希望格差社会」といった言葉に代表されるように、キャッシュストックの格差に基づく社会的階層分化の拡大感、中流層の崩壊と二極化、社会的閉塞感、さらには男女間だけでなく同性内における格差感が増大しつつある状況にあった（山田昌弘二〇〇四、三浦二〇〇五）。そのような世相と歩調をあわせるようにして、これまでの教科書的な「縄文平等社会論」、豊かなユートピアとしての縄文時代像は、見直しを迫られるようになっていく。この研究動向には、意識的になっておく必要がある。

九〇年代から二〇〇〇年代にかけて台頭した縄文階層化社会論は、従来の研究の蓄積によってそのような理解へと辿り着いたというだけではなく、当時の格差社会という世相を強く反映したムーブメントであった可能性がある。現在の格差の根源を過去に求め、「縄文時代にも格差があった」と、これを肯定することによって現状を肯定する「新しい歴史観」が、「聖域なき構造改革」という厳しい社会動向の中、醸し出されていたのではなかろうか。格差・不平等・階層が縄文時代にもすでにあったという、現世を肯定してくれるような歴史観が、実は「縄文階層化社会論」を支える言説の隠れた本質ではなかったのか（山田二〇〇六・二〇一〇a）。すべての「縄文階層化社会論」がこのように浅薄なものであったと言うつもりは毛頭ないが、これまで見て来たように、少なくともそのような世相に後押しされたベクトルが働いていたことは間違いないだろう。そして、このようなムーブメントは、階層化社会の有無について実直に研究を積み重ねてきた考古学者たちを、おおいに戸惑わせたのであった。

ただし、注意して欲しいのは、九〇年代から二〇〇〇年代にかけてのこのような「急峻な動向」は、決して主流にはなりきれなかったということである。階層化社会論に対する反論や危惧は、これまでにも考古学者の側からもつとに指摘されており（たとえば林一九九八、今村一九九九、山田二〇一〇aなど）、そこには熱い議論が存在したことも事実である。そして、階層化社会論の登場によって議論が活発化し、それによって縄文社会の研究が大きく進展したという点も忘れずに明記しておきたい。

当然ながら、このような熱い議論が行われている間においても縄文時代をユートピアとして捉えるような論調は依然として継続していたし、その延長線上にある「素晴らしき縄文の世界」像は、いまなお厳然として存在している（例えば岡村二〇一五など）。その理由としては、やはり歴史教科書において繰り返し語られ、時には試験のために頭の中に押し込められたりしてきた、発展段階的な歴史観に基づいた従来の縄文時代像の存在があるのだろうし、貴族や奴隷などがいるような階層化された社会は、一般の人々が、ロマンや郷愁、そして優越感を感じる対象として、「望まれる縄文時代像」ではなかったということも考えられるだろう。

以上、長々と話して来たが、このように縄文時代における社会像というものは、現世に生きる人々の「まなざし」によって、貧しい平等社会、豊かな縄文ユートピア、階層化社会と、多様に変化してきていることがお分かりいただけただろう。しかしながら、これはなにも縄文時代像に限ったことではなく、歴史上の全ての事象においてもあてはまることであろう。見方によって、モノの語られ方は変わっていく。その見方こそが歴史観なのだが、その歴史観は決して不変的なものではなく、多面的なものだ。

ここで、改めて考古学の定義に触れておきたい。一体考古学とはどのような学問なのであろうか。私自身はこれまでの先賢の定義を踏まえて、次のように考えている。

「考古学とは、物質的資料を用いて人類の過去を研究し、その歴史を再構成する学問である」(山田二〇一四)。

この歴史を再構成するという部分が重要だ。事実を調べ、それを時間通りに並べただけでは、歴史とはならない。それによって、ヒトの社会や生き方をどのように理解することができるのか、この点に関する考察こそが、好古趣味を学問として昇華させるために必要だ。常に新しい研究成果によって、従来の歴史を書き換える、再構成すること。この再構成を行うために歴史観は必要だ。それによって人の来し方、往き方を考える。これこそが、考古学を含めた歴史学の任務であろう。本章で見て来たように、その歴史観、そこまで大上段に構えなくても、歴史的事象の捉え方は世相によって変化していく。そのことに意識的になっておくためにも、そしてより妥当性の高い歴史的解釈を行うためにも、考古学的研究の一環として、前章および本章のような検討は必要なのである。

最後に都出比呂志《つでひろし》の言を引用して、この章の締めくくりとしよう。「研究者は時代の空気を吸い、時代に働きかけて生きているが故に、自ら存在する時代から超越することは困難である」(都出一九八六)。まさに至言である。

第3章　縄文時代・文化をめぐる諸問題――時空間的範囲

これまでにおける縄文時代の概要

さて、読者の方々には今更ながらであるが、現在の日本の歴史では、縄文時代より前の時代を旧石器時代という。あるいはこれを先土器時代という人もいる。現在の日本国の範囲において、確実な人類活動の痕跡は、せいぜい四万年ほど前までしかさかのぼらない。したがって、その日本における旧石器時代の時間的範囲は、およそ四万年前から、縄文時代が始まるまでの間、ということになる。最近では、旧石器時代の資料が最初に発見された群馬県の岩宿《いわじゅく》遺跡から名をとって、この時代を岩宿時代と言うこともある（佐原一九八七など）。このやり方で行くと、縄文時代は大森《おおもり》時代、弥生時代は弥生時代ということになるが、古墳時代は箸墓《はしはか》時代などとは言わないで、古墳時代らしい。おそらく最初の古墳はどれかということをめぐって、研究者間で喧嘩が起きるからだろう。

旧石器時代の「日本」にいた人類は、私たちと同じホモ・サピエンスである。ホモ・サピエンスは二〇万年ほど前にアフリカで誕生し、一〇万年前くらいにアフリカの外へと拡散していった。

その後長い年月を経て、北はおそらく現在のバイカル湖付近、沿海州を抜けて、南はおそらく東南アジア、韓半島を抜けて、「日本」にまでやって来た。したがって、現代日本人の直接的な祖先の一つは、この旧石器時代に「日本」にやって来たホモ・サピエンスということになる。少し前までは、沖縄県の港川人《みなとがわじん》のような形質を持った人々が、その後の縄文人へと変化していったと考えられていたが、近年の研究ではどうもそう簡単にはいかないらしく、港川人はより南方的な人々で、縄文人に直結するかどうか微妙なところらしい（海部他二〇一〇）。したがって、どこからという点については不明な点が多いが、旧石器時代に「日本」にやって来たホモ・サピエンスには様々な人々がおり、これらが混血・変形し、また新たな人々がやって来て、混血・変形し、というのを繰り返しながら、現在言うところの縄文人となり、弥生人となり、現在にまで到っているると考えた方がよいようだ。忘れてはいけないのは、縄文人も弥生人も、日本列島内において形成された人々であり、どこか別に故地があって、そこからやって来たわけではないということである。第1章でもお話ししたように、「日本」において縄文人となり、弥生人となったと言った方が、より歴史的には正しいだろう。

　旧石器時代における「日本」の気候は一般に冷涼であり、植物も亜寒帯性の針葉樹林が多かったとされる。また、世界各地において氷床や氷河が発達するなどし、その影響を受けて海水面も現在より低く、そのため一部北方では大陸と地続きとなっていた。しかしながら、現在からおよそ一万五〇〇〇年前から一万一五〇〇年前になると気候も温暖化し、それまでの針葉樹林にかわり、東日本にはブナやナラなどの落葉広葉樹が、西日本にはシイなどの照葉樹林が広がるようになった。また、氷床や氷河が溶けたために海水面が上昇し、これまで大陸と地続きであった日本列島は海峡によって切り離され、次第に現在のような自然環境が形成された。

このような気候の変化は植物相に影響を与えただけではなく、動物にまで大きな変化をもたらした。気候が冷涼な時代にはマンモス・ナウマン象・オオツノジカなどの大形の動物が生息していたが、温暖化が進むにつれてしだいに大形獣は少なくなり、かわりにイノシシやニホンジカといった中小形獣が増えていった。環境の変化は、当然ながら当時の人々の生活を大きく変化させることとなり、日本各地では、それぞれの地域環境に対応した様々な生活様式が新たに誕生していった。この生活様式は、狩猟・採集・漁撈による食料の獲得、土器や弓矢の使用、堅牢な建物の存在や貝塚の形成からうかがうことのできる高い定着性といった様々な特徴によって、大きく一括りにすることができる。一般的には、日本列島内において、それまでの旧石器時代の生活様式や文化とは異なった、この新しい生活様式によって特徴付けることのできる文化を縄文文化、この縄文文化が花開いた時代を縄文時代と言う。縄文時代は、世界史的な区分では新石器時代にほぼ相当するが、農耕や牧畜を行ってはおらず、その点では人類史上非常にユニークな文化であると言うこともできる。また、縄文時代は土器の形態や文様、生活のあり方から、古い順に、草創期・早期・前期・中期・後期・晩期の六つの時期に区分されている。

今、縄文時代の概要を、ごくごくざっくりと書くならば、上記のようになるだろうか。しかしながら、そのはじまりとおわり、そしてその中味については侃々諤々《かんかんがくがく》の議論が行われており、学会の懇親会の席などでは、ツバを飛ばしながら熱弁をふるっている研究者もいるほどだ。場合によっては、そのような考え方が対立し、人間関係に微妙な影を落としていることさえもある。では、いったい何が問題なのか。

縄文時代のはじまり

現行の日本史の教科書では、旧石器時代から縄文時代への移り変わりを次のように記している。

「今からおよそ一万年余り前の完新世になると、地球の気候も温暖になり、現在に近い自然環境となった。植物は亜寒帯性の針葉樹林にかわり、東日本にはブナやナラなどの落葉広葉樹林が、西日本にはシイなどの照葉樹林が広がった。動物も、大型動物は絶滅し、動きの速いニホンシカとイノシシなどが多くなった。

こうした自然環境の変化に対応して、人びとの生活も大きくかわり、縄文文化が成立する」（笹山他編二〇一三『詳説日本史B』山川出版社）。

この記述は大枠では正しいが、細かい点においては問題点も含んでいる。その一つが、何をもって縄文時代のはじまりとするかという点である。これまで、土器の出現とその使用は、縄文時代のはじまりを指し示す重要な要素であると考えられてきた。また、その起源についても、温暖化した気候と変化した環境に、当時の人々が対応していく過程でドングリなど堅果類の利用が行われるようになり、そのアク抜きのために土器が必要とされたという説明がなされてきた。すなわち、土器の出現と利用は温暖化適応の結果であるとの理解がなされ、土器の出現が当時の人々の生活を大きく変えたとして、ここに画期を認め、これを縄文時代の始まりとする考え方が広く流布してきたと言える。これが従来からの学説だ。

ところが最近の研究によれば、このような理解は困難であることが明らかとなってきた。この点を、土器出現期の気候変動のあり方からみてみよう。地球は、ほぼ一〇万年の周期で氷期（寒冷期）と間氷期（温暖期）を繰り返してきている。現在は間氷期であり、その前にあった時期的に一番近い氷期のことを、地質学では最終氷期と呼んでいる。実際に気候が温暖化するのは一万五〇〇〇年程前のことであるが、これがそのまま継続するのではなく、一万三〇〇〇年前には再び寒冷化し、氷期に戻るような気温の低下が訪れる。これを「ヤンガードリアス亜氷期（寒冷期）」と呼ぶ。本格的な温暖化が始まるのは、その後の一万一五〇〇年前からである。ところが、最新のAMS（加速器質量分析法）による炭素14年代の測定結果によれば、二〇一四年段階において、土器の初現はおよそ一万六五〇〇年前までさかのぼることが判明している。しかし、土器が出現した一万六五〇〇年前はまだ最終氷期にかかっており、このことが従来のように「土器の出現は、気候の温暖化という自然環境の変化に対応したものである」と単純に理解することを困難にしている。日本における最初の土器は、まだ寒いさなかに発明されたものなのである。

ちなみに発明されたと書くと、土器は日本で世界最初に作られたのか、という質問が必ず出てくるが、この質問はちょっとナンセンスだ。同じような条件下では、同じような発明が同時多発的に行われるということは、歴史的に見てもよくあることである。最近中国でも、今のところ日本最古とされる青森県大平山元《おおだいやまもと》Ⅰ遺跡出土土器に匹敵する程の古さをもった土器の存在が報告されているが、人類の歴史七〇〇万年間から見た場合、このような時期の一〇〇〇年程度の差であ

図15　青森県大平山元Ⅰ遺跡から出土した無文土器（写真提供：青森県外ヶ浜町教育委員会）

ったら、さほど時間的に離れているとは言えない。ましてや、どっちがより古いから偉いということもないだろう。セレンディピティは、ホモ・サピエンスならば誰しも持っているものだ。

さて、現在ではこのような気候の変化と考古学的な資料のあり方を勘案して、縄文時代の始まりを、以下の三つの立場から説明することが多い（小林他編二〇〇九）。

第一の説は、土器の出現をもって旧石器時代と縄文時代を区分する立場である。先にも述べたように、現在のところ日本における最古の土器は青森県の大平山元Ⅰ遺跡から出土した無文土器であり（図15）、そのうち最も古いものの較正年代は約一万六五〇〇年前である。したがって、縄文時代のはじまりもこの頃までさかのぼるという説である。この第一の説は、土器が果たした歴史意義を大きく捉える立場であると言えよう。土器が出現し、長時間の煮炊きが可能になったことで、これまで旧石器時代には利用できなかった食料を新規に利用することが可能となった。また、土器で煮沸することによって植物繊維加工・漆加工を初めとする様々な技術が開花した。土器がもたらしたこのような変化・技術革新を歴史的に大きく評価して、その出現をもって縄文時代の始まりとするわけである。第一の説では、従来の時期区分でいうところの縄文時代草創期初めの部分に相当する無文土器の時期が、縄文時代の始まりということになる。縄文時代研究の泰斗であり、國學院大學名誉教授の小林達雄《こばやしたつお》をはじめ、多くの研究者が主張する立場でもある。

第二の説は、土器の一般化をもって旧石器時代と縄文時代を区分する立場である。この説は、基本的には土器の出現と利用の歴史的意義を評価するという点では、第一の説と同じ考え方に立っている。しかしながら大きく異なるのは、その画期を認める時期である。第二の説では、土器出現期においては土器を出土する遺跡が限られているだけでなく、量的にも非常に少ないため、まだ土器が普及していないとして、生活を変えるほどではないと考え、土器が本格的に普及する隆起線文《りゅうきせんもん》系土器[1)]の段階をもって縄文時代の始まりとする。この場合、縄文時代の始まりは一万五〇〇〇年ほど前、すなわち温暖化が最初に開始された頃ということになり、従来の時期区分で言えば縄文時代草創期の中葉以降ということになる。中央大学教授の小林謙一《こばやしけんいち》らが、この立場に立っている。

第三の説は、縄文時代的な生業形態・居住形態が確立した段階をもって、縄文時代の始まりとする立場である。土器の出現を一つの画期とはするが、その後をすぐに縄文時代とするのではなくて、移行期を設定する立場である。先にも述べたように、気候が温暖化していく中で、旧石器時代とは異なった環境が成立し、それと連動して植物質食料の利用形態が変化した。また、それに伴って様々な道具立ての発達が促された。植物採集、狩猟、漁撈といった様々な技術体系が確立し、貝塚の形成や竪穴住居の普及にうかがうことができるように定住生活が本格化していく時期、ここにもう一つ画期を認めるのが第三の説である。いわば、私たちがこれまでなんとなくイメージしてきたような縄文時代がはじまることをもって、時代を区分する説である。時期的には従来の縄文時代早期の初めが相当し、関東地方における撚糸文《よりいともん》系土器[2]の時期では、およそ一万一五〇〇年前のことになる。國學院大學教授の谷口康浩《たにぐちやすひろ》らが主張する時代区分である。私的には非常にしっくりとくる考え方で、実相としてはこれが一番近いのではないかとも思うのだが、同様の考え方は全ての時代の境目にも当てはまることなので、時代区分論としてはダイナミズムに少々欠けるきらいがあるかもしれない。

注意しなくてはいけないのは、先の三つの立場は、旧石器時代から縄文時代への変化の中で、どのような部分に画期を見出すかという歴史観の問題とも大きく関わっているものなので、歴史学的には一概にどれが正しい、どれが間違いということはできないという点である。それでもあえて○×をつけるというならば、どれも○であり、あるいは△でもあり、×ではないということになるだろうか。ちなみに、我が国立歴史民俗博物館（歴博）の展示では、二〇一五年現在において基本的に第一の説による区分を採用している。しかし、リニューアル後は、第一の説に重きを置きつつも、上記の三論を併記する予定である。

また、この三つの説を比較すると、土器の出現と定住生活の出現、貝塚の出現といった縄文時代らしい生活の成立時期との間には五〇〇〇年ほどの時間差が存在することになる。すなわち、旧石器時代から縄文時代への移行は決して急激なものではなく、次第に温暖化していく環境への適応の中で、五〇〇〇年もの長い時間をかけてじわじわと継起したものと捉えることが肝要であることになる。それにしても旧石器時代から縄文時代への移行期間が最大五〇〇〇年もあるということは、少なくとも奈良時代の始まりである七一〇年から現代までがおよそ一三〇〇年間であるということと比較してみても、一般的な感覚からしてみれば、かなりアバウトなものだと言わざるをえない。現在の学問的レベルにおいては、ここまでが旧石器時代、ここからが縄文時代というように、各時代をどこで厳密に線引きするかという議論そのものにエネルギーを投入することは、あまり生産的なものではないと、私は考えている。もともと時代区分とは、過去から現在にまで連続している人の歴史を、何らかの理由をつけて（つまりは歴史観によって）、説明しやすいように切り分けるというものであるから、ある意味、乱暴といえば乱暴なものなのである。

縄文時代のおわりと弥生時代のはじまり

縄文時代のはじまりについてさえ、このような議論が存在するのだから、当然ながら縄文時代と弥生時代の境目についても議論は存在する。特に水田稲作という、日本の歴史において重要な役割を果たしたコメが登場する弥生時代の境界を議論することは、研究者数の多さとも相まって、それはそれは「大変なこと」になっている。では、縄文時代から弥生時代への移り変わりはどのようなものであったのだろうか。

現行の教科書にはこの点について次のように書かれている。「およそ2500年前と想定される縄文時代の終わり頃、朝鮮半島に近い九州北部で水田による米づくりが開始された。短期間の試行段階を経て、紀元前4世紀頃には、西日本に水稲農耕を基礎とする弥生文化が成立し、やがて東日本にも広まった。こうして北海道と南西諸島を除く日本列島の大部分の地域は、食料採取の段階から食料生産の段階へと入った。この紀元前4世紀頃から紀元後3世紀の中頃までの時期を弥生時代と呼んでいる」（笹山他二〇一三）。

一見、非常に簡明な説明であるが、この記述にもいくつかの問題点が存在する。たとえば、現在の考古学界では、水田稲作が行われた縄文時代終末の突帯文土器《とったいもんどき》[3]の時期を、弥生時代の早期として弥生時代に繰り入れるという意見が強くなってきている。また、水田稲作の開始年代もAMSによる年代測定の結果、およそ三〇〇〇年前までさかのぼるという見解が、国立歴史民俗博物館を中心とした研究チームから提出されており、これについては現在でも論争が続いている（藤尾二〇一五）。もし、歴博チームの主張が正しく、弥生時代のはじまりが五〇〇年ほど古くなったとしたらどうなるか。ここで少し説明しておこう。

弥生時代は前・中・後期の三時期、ないしは早・前・中・後の四時期、あるいは土器の編年に合わせてⅠ～Ⅴ期の五期に区分されることが多いが、先に述べたように、もし弥生時代の開始が三〇〇〇年前であるとするならば、その年代観は従来よりもおよそ五〇〇年さかのぼることになる。これを弥生長期編年、あるいは歴博長期編年と呼ぶ。これに対し、従来通り弥生時代の開始期を、大体二五〇〇年ほど前におく考え方のことを弥生短期編年と呼ぶ。一方でAMSによる弥生時代中期以降の年代については、研究者間においても大きな齟齬をみていないため、問題はおのずから弥生時代早期・前期の時間幅をどれくらいと考えるかという点にかかってくる。では弥生時代が五〇〇年ほどさかのぼるとすると、一体どうなるのか。

ある意味、縄文時代のど真ん中を研究する研究者にとっては、たとえ縄文時代全体が五〇〇年短くなったとしても、さほど大きな影響は受けないかもしれない。しかしながら、弥生時代の研究者にとっては、弥生時代のはじまりが五〇〇年古くなると、従来の弥生時代研究の枠組みが変わるほど、大きな影響を受けることになる。なぜなら、これまで弥生時代全体の存続期間は六〇〇〜七〇〇年程度と見積もられていたのに対して、それが一気に倍近く長い時代となるからだ。

もし、歴博チームの提出した年代観が正しいとすれば、水田稲作が拡散し、現在最北の水田が見つかっている青森県にまで到達するには、数百年間にわたる非常に長い期間が必要だったことになる。青森県砂沢《すなざわ》遺跡からは、これまで東北地方最古と目される水田跡が発見されている（図16）。土器型式で言うと、砂沢式土器の時期のものになる。従来の年代観では、北部九州に水田稲作が伝播してから、二五〇年ほどのうちに、青森県まで稲作が急速に広まったと考えられてきた。しかしながら歴博の年代観を採用すると、北部九州から青森県にいたる水田稲作の普及に約五〇〇年かかったということになり、そのイメージはだいぶ違うものとなる。各地において試行錯誤、四苦八苦しながら、稲作は北上していったことであろう。ましてや砂沢遺跡の水田は、水路はあるものの水口がなく、水田への注水時にはそれこそオーバーフローさせていたような、い

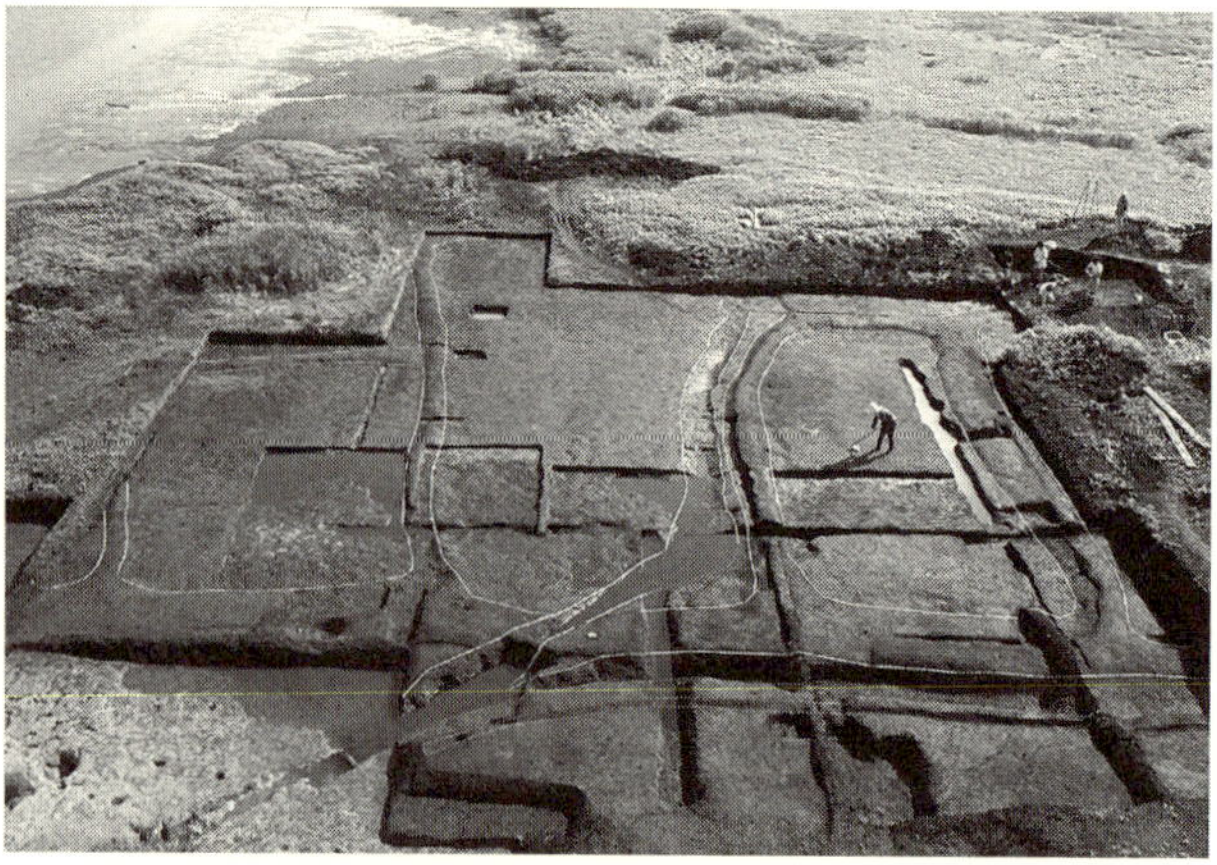

図16　青森県砂沢遺跡から見つかった水田跡（写真提供：弘前市教育委員会）

わば不完全な水田である。どうやって水抜きをしていたのかさえ、よくわかっていない。また、砂沢遺跡からは鍬や鋤《すき》、石包丁《いしぼうちょう》などの確実な農具は出土していない一方で、土偶などの呪術具が多数出土するという、極めて縄文時代的な要素が残存している。とても、縄文時代の人々が水田稲作に飛びついて、すぐさま生業形態や精神文化を一気に転換させたというような状況ではない。むしろ、あえてかっこよく言うならば、水田稲作のパイロットファーム的な様相を持っている。さらに、これらの水田は、稲作が開始されてからあまり時間がたっていないところで放棄されてしまっていることも判っている。このような状況を、弥生時代・弥生文化と言うことができるのか、はなはだ微妙なところであろう。縄文時代的な要素が残存するような状況や、稲作に先立ってミレット（アワ・ヒエ・キビなどの雑穀のこと）を栽培するなどの様相は中部地方をはじめとして、日本各地でもみることができ、これを弥生文化の範疇に含めるかどうかという点についても様々な議論がある（たとえば藤尾編二〇一四など）。つまり、灌漑水田稲作の存在を弥生文化認定の必要条件とした場合、その開始時期は地域によって、かなり異なるということだ。そのような過渡的状況を、旧石器・縄文時代間のように移行期とするのか、それとも弥生文化に組み入れるのか、あるいは「別の文化」として規定するのか、その点が今や大きな問題となっている。

東京大学教授の設楽博己《したらひろみ》は、「農耕文化複合」という概念を用いて、この状態を説明しようとしている（設楽二〇一三）。「農耕文化複合」とは、「農耕がたんに文化要素の一つにとどまることなく、いくつかの文化要素が農耕文化的色彩を帯びて互いに緊密に連鎖的に影響しあいながら、全体として農耕文化を形成している」状況を指し示すとし、その上で設楽は、日本列島における弥生文化の形成は「大陸から導入された農耕文化複合を、それぞれの地域や土地における歴史的条件に応じて選択的に受容した結果である」と述べる。設楽の説は、日本列島における農耕文化、およびそれを担った人々の多様性を重視する立場である。これは、農耕の内容を水田稲作に限定することなく、あくまでも弥生文化内の多様性を考える立場でもある。

これに対して、国立歴史民俗博物館教授の藤尾慎一郎《ふじおしんいちろう》は、弥生文化を「灌漑式水田稲作を選択的生業構造の中に位置づけた上でそれに特化し、一旦始めれば戻ることなく古墳文化へと連続していく文化である」と定義し、その上で時空間的な意味での「漸移帯《ぜんいたい》」を意味する「ボカシ」という概念を用いながら、東北地方北部の水田稲作文化を弥生文化の枠外とし、別の文化であると述べている（藤尾二〇一三a・b）。ここにおいて、弥生文化そのものに対する歴史観および、それに立脚する弥生文化の定義の仕方によって、たとえば東北地方北部における状況を、弥生文化の中に含めるのか、それとも弥生文化から切り離すのかという、二つの立場が示されることになる。これも現在論争中の重要なテーマだ。

それればかりではない。北部九州における典型的な弥生時代前期の土器とされる板付《いたづけ》式土器[4)]は、大きく新旧にⅠ式とⅡ式に分類され、さらにそれぞれが二〜三段階ほどに細分化されている。私たち考古学者は、このように細分化された土器型式（様式）を、相対的な時間を測る「もの差し」の目盛りとして用いてきた。従来の年代観では、弥生時代前期の存続期間は約一〇〇年ほどであり、これでいくと土器型式一つの目盛りが表す時間幅は、単純に均等割りすれば、およそ二〇年ほどであった。弥生時代の人びとの平均寿命が五〇年、一世代が大体三〇年ほどであったと考えられることを前提とするならば、人一人の一生はおよそ目盛り二つから三つ分くらいで表すことができる。そのように考えると、もし同じ集落内にあるそれぞれ別の住居Aと住居Bから同じ土器が出土するならば、住居Aと住居Bは、人の一生という時間内において、ほぼ同時期に存続していたと判断することができる。

従来における弥生時代前期の住居・集落の研究はこのことを前提として、遺跡内から発見されたほぼ全ての遺構を、同時期のものとして分析が行われてきた。しかし、もし弥生時代のはじまりが五〇〇年古くなり、その目盛りが表す時間幅が一気に五倍になったとしたらどうであろうか。この辺りの状況はすでに藤尾慎一郎が論じていることであるが（藤尾二〇一三ａ）、前期集落の継続期間は大幅に伸び、同時存在した住居や施設の数なども変わってきてしまうし、想定される集落像も大きく変わることになる。また、金属器の本格的な使用開始時期もかなり遅くなるなど、弥生文化の展開に対するイメージが、従来とは大きく異なってしまうことになる。あえて言うならば、これまで蓄積されてきた弥生時代前期に関する研究成果が、すべてではないにせよ、吹っ飛びかねないということになる。一部の弥生時代研究者達が、歴博チームの研究成果を躍起になって否定するのも当然であろう。ただし、こちらの方は、科学的な年代測定を行った上での議論であるので、測定数が多くなった現在、遠からず一定の見解に落ち着くだろうと、私は予想している。もちろん、歴博における展示は、長期編年を採用している。

しかし、私自身も歴博の研究成果に対して、まだ戸惑いがあるのも事実である。先にも述べたように、北部九州における典型的な弥生時代前期の土器とされる板付式土器は、大きく新旧にⅠ式とⅡ式に分類され、さらにそれぞれがａとｂ、ａ・ｂ・ｃの二〜三段階ほどに細分化されている。細分化されたとしても、大体五段階くらいの変遷をしているということだ。弥生時代早期の土器として、山《やま》の寺《てら》式および夜臼《ゆうす》Ⅰ式（両者はほぼ併行関係）、夜臼Ⅱａ式、夜臼Ⅱｂ式（板付Ⅰ式と併行関係）を加えたとしても、およそ六段階だ。この六段階の変化は、正直言って縄文土器の変化に比べて極端に大きなものではない。むしろ捉え方によっては、弥生土器研究者には怒られるだろうが、微々たる変化だと言えなくもない。その変化におよそ五〇〇年間もかかったということが、どうしても感覚的に腑に落ちないのだ。たとえば、縄文時代の場合、宮城県里浜《さとはま》貝塚などにおける、貝層の堆積期間や貝殻年輪年代の検討によって、晩期の大洞Ｃ２式古段階[5]という細分型式の存続期間がおよそ三二年であることがわかっている（岡村一九八七）。大体三〇年ほどで、現代人が認識できるほどには文様や形状が変わるということだ。そのような変化の早さからみても、一細分型式（弥生土器だから様式か）の存続期間が、仮に均等割りした場合、一〇〇年も続くということが、感覚的に了解できないのである。藤尾慎一郎の計算によると、山の寺・夜臼Ｉ式の存続幅が一〇〇年強、夜臼Ⅱａ式が六〇～七〇年ほどとされている（藤尾二〇一三ａ）。人口数もおそらくそこそこあって、製作された土器の量もかなりのものであるのだから、土器の形態が変化するチャンスはいくらでもあったと思われるのだが、どうだろう。もし、歴博の発表した年代が正しいならば、土器の製作に関して、縄文時代とは全く違うスキーマ（認識の枠組み）が大陸からもたらされている可能性を考えたくもなる。これは、大変な意識改革を伴うもので、当時の世界観における時間の流れを大幅に変更させるものだ。そして、弥生時代中期以降は、再びダイナミックな土器変化を見せることも気に掛かる。しかしながら、九州における後期後半以降の黒色磨研土器《こくしょくまけんどき》の型式変化の状況からすれば、妥当な時間幅なのかもしれない。もちろん、これは学問的なものではなく私の感覚的な問題であって、これをもって歴博の発表した年代を否定するつもりはない。

　このように、実は縄文時代、そして歴史的には次の時代の弥生時代さえも、その時間的・空間的輪郭は、いまだ議論が続いている状態であり、唯一無二、これが正解というような明確な線引きはできていないのである。そしてその線引きが、考古学者それぞれの「時代観」・「歴史観」によって変わりうるのだとしたら、さらには考古学者の数だけ線引きが可能なのだとしたら、読者の皆さんはどう思われるだろうか。教科書において、その存在が当然のことのように記述されている縄文時代の時間的な輪郭は、実は案外「ふんわり」としたものなのである。

縄文文化の空間的広がり

では、縄文時代の文化、縄文文化はどうであろうか。第1章では、縄文時代・文化のことを「あたらしい日本の歴史」という一国史のために必要とされた概念だったと述べた。そのためか、私たちは縄文文化の範囲を現在の日本国の領土内に限定して考えてしまいがちであるが、ここではそのあたりの状況を少し探ってみたい。

考古学者であり、縄文土器の研究に多大な貢献を果たした山内清男《やまのうちすがお》は、「日本遠古之文化」の一章である「縄紋土器文化の真相」の中で、このような記述をしている（山内一九三二）。「縄紋土器は結局我々が想定して居るやうに一系統の土器だと認められるであらう。けれどもその存続の期間が甚だ長く、その分布は広範囲――樺太千島から琉球にまで――に亘つて居る」、「土器に於ける地方的に孤立した発達は認められない訳ではないが、長期に亘つた孤立は無かつたやうである」。基本的に縄文土器は一系統であり、各地の土器が連絡していたとする山内の言に従えば、「年代によつても地方によつても截然と分かち得ない一体の土器」である縄文土器が分布する範囲こそ「縄紋土器の文化」の範囲、すなわち縄文文化の範囲ということになる。

この考え方には、南山大学教授の大塚達朗《おおつかたつろう》の反論がある（大塚二〇一三）。大塚は縄文土器を一系統のものとみることはできず、遡源期には、(A)九州の隆起線紋土器《りゅうきせんもんどき》より古い土器（小波状浮《しょうはじょうふ》紋土器《もんどき》）、(B)本州の隆起線紋土器より古い土器（肥厚系口縁部土器《ひこうけいこうえんぶどき》）、(C)大平山元Ⅰ遺跡などの無紋土器という、それぞれ系統が異なる三つの土器文化が存在したとしている。

土器の出現期において、その系統が複数（大塚によれば三系統）存在したということは、土器出現の少し前の時期にあたる細石刃文化《さいせきじんぶんか》[6]の系譜が複数ある（たとえば北方由来の湧別技法《ゆうべつぎほう》による楔形細石刃核《くさびがたさいせきじんかく》によるものや、野岳《のだけ》・休場《やすみば》型細石刃核や船野《ふなの》型細石刃核によるものなど）ことを考慮した場合、十分に考えられることであろう。また、楔形細石刃核などは、遠くバイカル湖付近にまでその系譜が追えることから、この時期に多くの人々が北回りあるいは韓半島経由で日本列島に流入してきたことも間違いないだろう。しかし、縄文時代らしい生活が展開していく、早期以降のところにおいては、各土器型式が相互に連絡し合っているとみて大丈夫だろうし、先の谷口康浩等が主張するような第三の説に依るならば、早期の段階では各系譜がある程度統合されていた可能性もあるだろう。早期以降の状況に限って言えば、やはりこれらの土器は山内清男が述べたような「縄紋土器」なのではなかろうか。私は生粋の土器研究者ではないので、このあたりの自身の見解がかなり大胆なものだろうとの予想はつくし、詳細な議論を行えるほどの知見もないが、とりあえずはじめに、大体早期以降の時期に着目して、今後の話を進めてみよう。

縄文人の形質的特性

ちょっと話は横にそれるが、実は縄文時代は、これまであまり対外的な交流がほとんどなかった時代と考えられてきた。その理由の一つとして挙げることのできるのが、当時の人々そのもの、すなわち縄文人の形質の特殊性である。

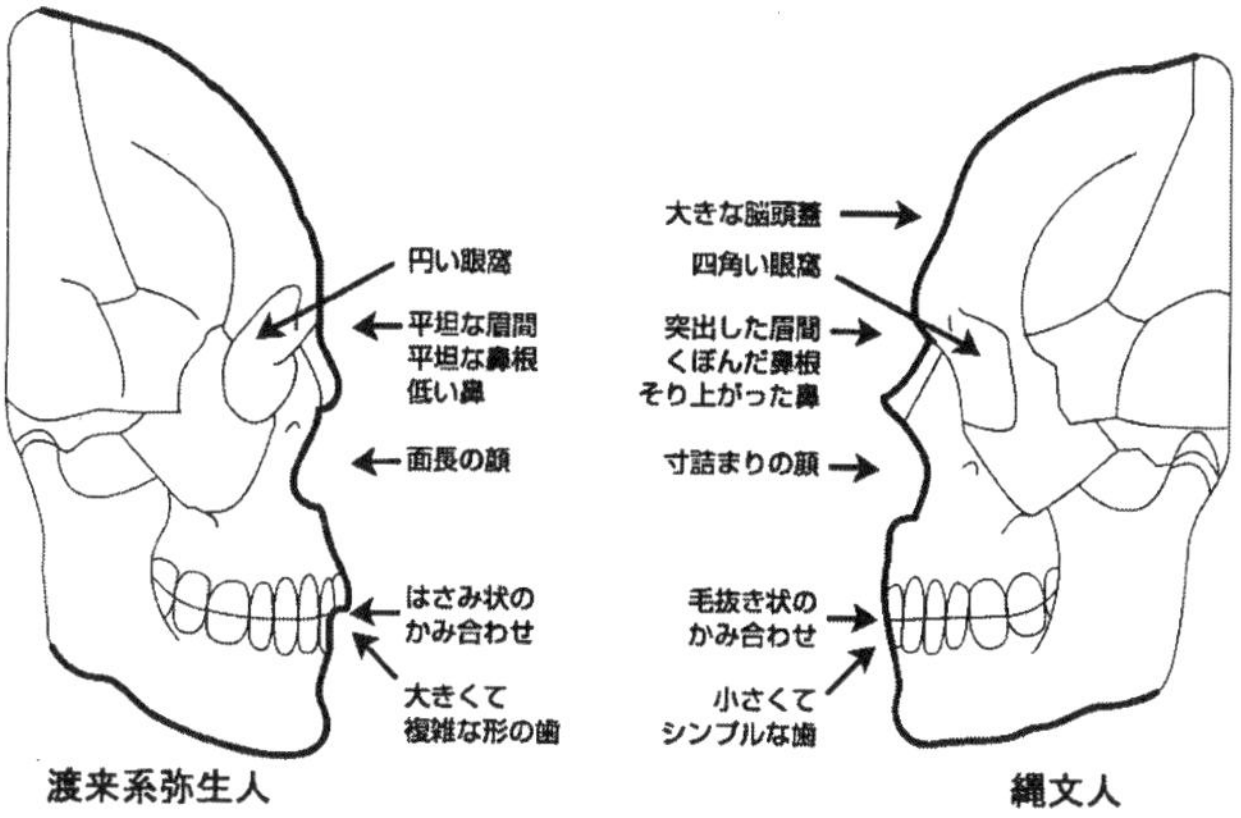

図17　縄文人の形質（松村2008より）

縄文時代の人々は、その顔つき、体つきともに世界史的な視点から見た場合、実にユニークな形質をもっている（図17）。どういうことかと言うと、東アジアはおろか世界中のどこを探しても、縄文人と同じ顔、姿形（形質）をもった人々がいないのである。一時、中国の柳江《リュウチャンレン》人との類似性が指摘されたこともあったが、柳江人は旧石器時代人であり、両者の年代は大きく異なる。また、細かな地域差・時期差が指摘されているとはいえ、縄文人の大まかな形質は、北海道から九州まで、少なくとも人骨が見つかっている早期から晩期前半までの間は、ほとんど同一と言ってよい。このことは縄文人が、ジャパンオリジナル、すなわち日本で形成された独特の人々であったことを意味しているとともに、縄文時代においては、他地域から形質を大きく変化させるほどの規模の人的流入および混血がなかったことを指し示すものでもある。もちろんこのことは、旧石器時代の人骨資料の検討が欠かせないが、現状ではそれは難しい。

しかしながら、そうは言っても大陸と近接する北海道北部と沿海州、九州と朝鮮半島には、当時の人々が行き交う様々な交流があったようだ。北方域、韓半島方面、南島域という日本列島へ到る三つの方面について状況を見てみよう。

北方における連絡状況

まず、北方域における様相であるが、沿海州・サハリン・北海道をフィールドとし、精力的な活動を続けている考古学者の福田《ふくだ》正宏《まさひろ》によれば、すくなくともサハリンをはじめとするこれらの地域においては、縄文土器は局所的ないしは客体的な存在であり、在地独自の変遷も認められていないとされる（福田二〇一三a・二〇一三b）。さらに福田は、縄文土器の分布ということで言えば、北海道とサハリンの間にある宗谷海峡をはじめとする諸海峡がこの区切りとなるのではなく、北海道内の道東北が分布の北限になるとも述べている。これは東京大学名誉教授の藤本《ふじもと》強《つよし》らによってもかねてより指摘されてきたことでもあり（藤本一九七九）、縄文土器の主体的な分布は、北海道全域には及んでいないということを示している。

この原因として福田は、道東北部と道南・本州域における自然環境の違いが、縄文土器諸型式の交渉・系統関係を、総じて広域散在的、単線的、断続的にしていると述べている。縄文時代の人々が北方に進出して行こうにも、自然環境的な制約があり難しかったというわけだ。このように、北方方面における縄文文化の境界は、北海道北端部までのところで収まると言えるだろう。

韓半島方面との連絡状況

日本と韓半島の間における交流は、土器などの考古学的資料によって古くから裏付けられている。例えば、九州から西日本各地に特徴的に分布する轟《とどろき》式土器[7]や、曽畑《そばた》式土器[8]といった縄文時代前期の土器群は、韓半島に分布する隆起線文《りゅうきせんもん》土器や、櫛目文《くしめもん》土器の古いところといった土器群と類似すると言われてきた。近年では時期的に轟式土器と曽畑式土器の間に位置づけられる西唐《にしから》津《つ》式《しき》土器と韓半島の土器との関係を考える論が多くなっており、お互いの土器型式に影響を与えるレベルで交流があったことはまず間違いない（古澤二〇一三など）。

また、韓国の煙臺島《ヨンデド》遺跡からは、日本においてポピュラーな縄文石器である石匙《いしさじ》が出土しているし、縄文時代の後期における西北九州に多くみられる石鋸《いしのこ》（側縁部がギザギザに仕上げられた石器で、組み合わせて銛先にする）も、韓国松島《ソンド》遺跡をはじめとする南岸部から出土している。また、北部九州と韓半島南部には、類似した形態の結合式釣針が分布する。この他、佐賀県の腰《こし》岳《だけ》から産出する黒曜石は、九州各地において使用されるが、韓国の東三洞《トンサンドン》貝塚や水佳里《スガリ》貝塚など韓半島南部からも出土している（金山一九九二）。

縄文時代における日本と韓半島の交流は、このような土器や石器といった生活用具のレベルだけではない。図18は梁成赫《ヤンソンヒョク》が集成した韓半島出土の土偶・土面・動物形土製品等である（梁二〇〇九）。いずれの資料も、時期的には韓国隆起線文土器文化に属するものである。新岩里《シナンリ》遺跡からは、小型の土偶（1）が出土しているが、これなどは縄文時代早期の土偶、例えば茨城県花輪《はなわ》

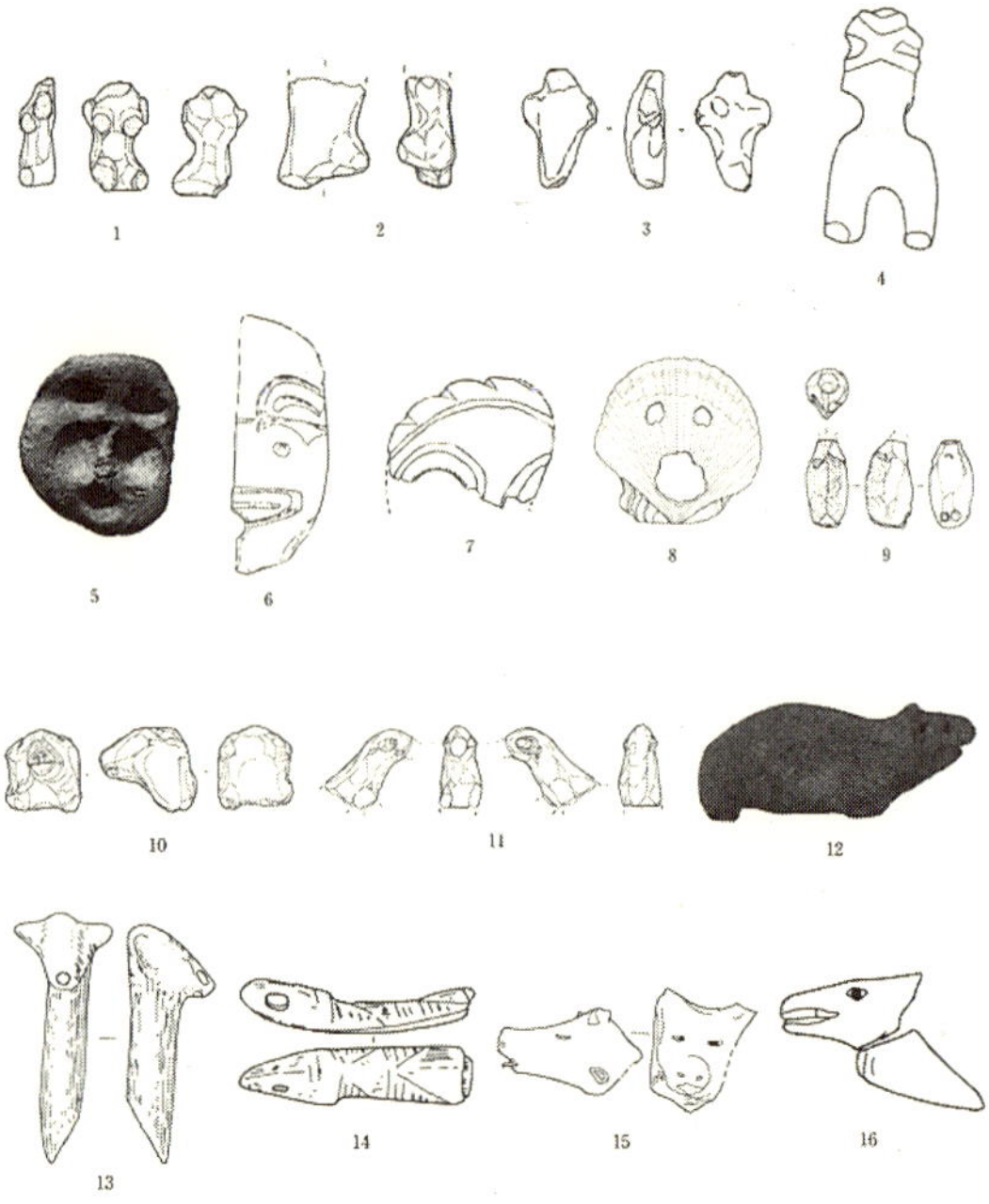

図18　朝鮮半島出土の土偶・動物形土製品等（梁 2009 より）

台貝塚《だいかいづか》出土例などにみられるような古い時期の土偶と形状的にも類似しているし、東三洞貝塚から出土した貝面（8）は熊本県阿《あ》高貝塚《たかかいづか》に類例がある。このほか、韓半島南部における出土品の中には、貝製の腕輪である貝輪・獣歯牙製装身具・土製耳飾りなどをはじめ、縄文文化における資料に類似したものをあげることができる。

韓半島と日本の間を縄文人が往来していた可能性を、人類学的側面から裏付ける人骨資料が、韓国の煙臺島遺跡から出土している。人骨の調査にあたった金鎮晶《キムジンジョン》・小片丘彦《おがたたかひこ》らによれば、顔面頭蓋の遺存状況が悪く、顔つきの直接的な比較はできなかったものの、煙臺島遺跡出土人骨には、縄文人的な形質である大腿骨《だいたいこつ》の柱状性、脛骨《けいこつ》（すねの骨）の扁平性の他、鉗子《かんし》状咬合（上下の歯の嚙み合わせが爪切りのようになっている）などが確認でき、形質的にも煙臺島出土人骨と縄文人が多くの点で一致するということが判明している（金他一九九三）。このことは、朝鮮半島南岸部に縄文人、ないしはそれと同様の形質を持った人々が生活していた可能性を示唆するものであろう。近年、韓国・加徳島《カドクド》遺跡で多数の保存状態の良い新石器時代人骨が発掘されたと聞く。顔面頭蓋をはじめとする人骨各部の所見が公開されれば、より直接的なヒトの移動と交流を語ることができるかもしれない。

と、ここまで日本と韓半島の交流について書いてきたが、もう一歩踏み込んでその実態について考えてみると、少々一筋縄ではいかないところがある。壱岐市教育委員会の田中聡一《たなかそういち》と長崎県埋蔵文化財センターの古澤義久《ふるさわよしひさ》は、韓半島における縄文土器ないしはそれに類似した縄文系土器の出土点数は、在地の有文土器のそれと比較すると、わずか〇・一％にも満たない極めて少ないものだと述べている（田中他二〇一三）。また、文化庁に勤務し、九州を中心として縄文文化の解明に取り組む考古学者の水ノ江和同《みずのえかずとも》は、土器の製作技法や文様の割り付け方法、結合式釣針の製作技法などを検討してみると、これらの資料における類似性は、同一の文様構成原理や製作技法で製作されたというレベルにはなく、あくまでも視角的な部分に留まると述べている（水ノ江二〇〇三）。つまり、見た目に同じようなモノを作ってはいるが、人が恒常的に行ったり来たりして、作り方そのものも伝わっているような状況ではないということだ。わずかに対馬の越高《こしたか》・尾崎《おさき》遺跡や夫婦岩《めおといわ》遺跡などで、韓半島系の土器が主体的に出土する遺跡が確認できるが、これも特定の時期だけの現象であり、その他の時期は基本的に縄文土器が主体的に出土する。韓半島側に、縄文土器が主体的に出土する遺跡は存在せず、あくまでも単発的、客体的に出土するに過ぎない。

長崎県教育庁の中尾篤志《なかおあつし》によれば、日韓両地域において結合式釣針が展開する時期には、⑴縄文早期末〜前期（韓国新石器時代早期〜前期）と、⑵縄文時代後期前葉〜中葉（韓国新石器時代晩期）の二つがあり、⑴の時期の釣針は韓半島を中心に分布し、日本では佐賀県の菜畑《なばたけ》遺跡からの出土例のみであるのに対して、⑵の時期では九州を中心に分布し、韓半島では東三洞貝塚出土例のみになるという（中尾二〇一三）。また、結合式釣針の軸と針の結合方式には、韓半島と日本の事例において共通する加工法がみられる一方で異なる面も存在し、現時点では交流の頻度は多くなかったと推察されるとしている。

これまでの研究では、「日本」と「韓国」の間における資料の類似性を、交流の存在証明として非常に高く評価する方向性があったが、それについても再考が必要である。水ノ江は、実際には北部九州と韓半島南部の交流は、さほど多くはなく、南島地域と比較して少なかったとも述べ、その理由として、言葉の壁の存在を推定している。

筆者も、島根大学から国立歴史民俗博物館に転任して以降、釜山大学博物館を初めとして韓国各地の研究院・文化財研究所等において、新石器時代の資料を拝見させていただき、いろいろと知見を積んできた。その中で思ったのは、日本の縄文文化の資料と、韓国の新石器時代の資料をくらべてみると、量的に少ないこともさることながら、従来言われていたほど類似するのだろうか、意外に共通性は少ないのではないか、ということであった。

たとえば、土偶である。日本の縄文文化において、あれだけ発達した土偶は、韓半島南部からはほとんど出土しない。先に取り上げた新岩里遺跡の土偶は、五センチ程度の小型品で、その後大型の土偶は出てこない。韓半島と近接する地域が北部九州であり、この地域において呪術具は東日本と比較してさほど濃厚には分布しないという点を考慮したとしても、縄文文化との共通性を語るには少々量的に物足りない。同様のことは石棒などの他の呪術具についても言えるだろう。このような状況が生じた理由の一つとして、水ノ江が言うように言語的な壁があったのかどうか、私には判断しかねるが、少なくとも対馬海峡において、ひとつ文化的な境界線を引けそうだという感じはしている。

南島方面における連絡状況

では、次に南方における状況はどうであろうか。

九州における土器型式である曽畑式土器や、市来《いちき》式土器[9]が沖縄本島から出土することは、これまでにもよく知られてきた事実である。特に縄文時代前期の曽畑式期には、土器だけの波及にとどまらず、石鏃や石匙といった石器類、およびその製作技術、イヌの導入や貯蔵穴、装身具といった様々な要素がセットで南島に登場することも確認されており、単なるモノの移動ではなくて、本土側から南島へ人間集団そのものの移動があったことが示唆されている（山崎二〇一二他）。

しかしながら、南島を縄文文化に含めるかどうかという点については、政治的な側面も絡みつつ戦前より検討が続けられており、特に一九七二年の沖縄返還、一九七五年の渡具知東原《とぐちあがりばる》遺跡から曽畑式土器が出土したことなどを踏まえて、一九八〇年代以降に活発な議論が行われるようになったという経緯がある。

この点については、水ノ江和同がすでに整理を行っており（水ノ江二〇一〇）、縄文文化の枠内で捉えようとする方向性（たとえば、高宮一九七五・一九七八・一九九二、安里一九八八、知念二〇〇〇など）と、縄文文化との共通性に注目するだけでなく、異なる部分にも注目し、独自性を主張する立場（たとえば當真一九八五など）などに分けながら、「南島縄文文化論争」についてまとめている。

また、熊本大学教授の木下尚子《きのしたなおこ》は装身具のあり方から、南島では縄文文化との強固な共通基盤が存在せず、九州・奄美以南・沖縄本島の三地域における装身具のあり方の差異が、珊瑚礁の発達の違いという環境のあり方の差異と連動するとして、南島の先史文化を「裾礁《きょしょう》型先史文化」という形で包括的に捉えているし（木下二〇〇五）、西南学院大学准教授の伊藤慎二《いとうしんじ》は、南島の土器編年と縄文時代の時期区分との対応関係を再検討する中で、九州との連絡性も断続的に認められるものの、南島の土器群は独自の系統的変遷を遂げているとして、「琉球縄文文化」という形で、縄文文化の中から切り離す方向性を提示している（伊藤一九九四）。このような動向があるものの、研究史的に大枠では、南島の縄文時代併行期を縄文文化の中に位置づける方向で来ていると、水ノ江は述べている（水ノ江二〇一〇）。

これらの文化的論争を見渡したときに、水ノ江の次の言葉が印象的だ。つまり「縄文文化とは何かを考える場合、縄文時代の遺跡と遺物が集中する東日本の縄文文化ばかりを追求しても限界があり、かえって本質を見失う可能性もある。そういうときに、縄文文化とは全く異なる朝鮮半島の新石器文化との比較・検討や縄文文化が伝播していく過程で変容を遂げ、自然環境が異なる南島でどのように展開していったのかを追求することは『縄文文化とは何か』といううきわめて基本的で本質的な問題を考える場合に、大きな意義を有することになる」（水ノ江二〇一〇）。まさに同感である。これについては、第4章においても取り上げたい。

縄文文化の範囲

縄文文化の範囲について、若干の検討を試みてきたが、これらの状況を簡潔にまとめると次のようになる。現在の研究では、北海道の縄文土器と系譜的に連続する土器群は、サハリンや沿海州などの大陸側からは主体的には出土しないことが明らかにされている。また、北海道東北部において縄文土器の主体的な分布域は途切れる。北部九州と韓半島南部においては、文化を共有するというような状況ではなく、対馬海峡において線を引くことが可能である。一方、沖縄を含めた南西諸島においても九州と系譜的に連続する土器群は一時的に存在が確認されているものの、すべてが連動するものではない。これらの状況を見る限り、現在の日本国の領土と縄文土器の主体的分布域は必ずしも厳密に一致するものではない。とは言うものの、見方を変えれば見事に日本列島内、現在における日本の国土内に収まっていると言えなくもない。少なくとも縄文文化の範囲を、日本列島の中で考える立場には、一定の理があるように思われる。

本書第1章では、縄文時代・文化とは日本における一国史を叙述するために設定された政治的なものだと論じたが、ここへ来てその範囲は考古学的にも日本列島の中で捉えることができるという理解に落ち着きそうだというところに、少々驚きを感じなくもない。やはり、縄文時代・文化とは非常によくできた概念だと、改めて思う。

日本列島外からの影響を受けたと思われる資料

次に、縄文時代における対外交渉を考える上で、大陸側の影響を受けたと考えられるいくつかの資料について考えておきたい。たとえば、縄文時代前期を中心として分布する玦《けつ》状耳飾りについては、もはやその起源が大陸側にあるということは確実であり、これについては近年熊本大学の大坪《おおつぼ》志子《ゆきこ》が見事な分析を行っている（大坪二〇一三）。このような事例が存在することからも、縄文文化と大陸側の諸文化がまったく無関係なままであったとは、少々考えにくい。首都大学東京の山田《やまだ》昌久《まさひさ》は、縄文文化を東アジア全体の構図の中から捉えようとし、前述した玦状耳飾りなどの装身具類の共通性をはじめ、磨消《すりけし》縄文[10]状の文様表現や刺突《しとつ》文[11]による文様表現、石を多用する石棺墓・配石墓などの葬法などの他、砂鉄を集めた事例などから製鉄を試みた可能性までを取り上げ、日本から出土した事例を東アジア全域の中に位置づける試みを行っている（山田昌久一九九〇）。縄文文化の範囲が、日本列島内に限定されそうだという見通しをもった現在においても、このような視点は忘れられるべきではない。

ここでは、これまでに大陸との関係性が取り沙汰されてきた、それでいて考古学者の評価が割れているようないくつかの事例について現状を確認し、縄文時代・文化における対外交流の可能性について触れておきたい。

青銅製刀子《せいどうせいとうす》：古くから、縄文時代において大陸との関係を窺わせる資料としてとりあげられてきたものに、山形県三崎山《みさきやま》出土とされる刀子（小刀）がある。この青銅製の刀子は環頭の柄、内反《うちぞ》りの刀身、鋸歯文《きょしもん》[12]などの特徴から中国の商時代後期のものと考えられている。しかしながら、本例は採集品であるために、正確な出土状況や伴出土器の有無について、そしてこれらを踏まえた上での帰属時期の決定については、なお不明の部分が残る（柏倉一九三二）。戦前に活躍した歴史学者の喜田貞吉《きたさだきち》は、このような大陸側の青銅製刀子と縄文時代晩期に東北地方を中心に分布する内反りの石刀《せきとう》を関連づけて解釈しているが（喜田一九二六・一九二七）、現状では参考に供するといったところが無難であろう（市川二〇一三）。発掘調査による出土例の追加を待ちたい。

鬲状三足土器《れきじょうさんそくどき》：縄文時代の土器の中に、中国大陸でみられる鬲のような三足土器が存在することを最初に指摘したのも、喜田貞吉であった。喜田は、一九二七年に「奥羽北部の石器時代文化に於ける古代支那文化の影響に就いて」を発表し、青森県上北郡東北町黒洲田から出土したとされる土器を紹介し、「全然支那古代の扁（鬲）を模したものに相違ないとの確信を得るに至った」として、内反刀子《とうす》や玦状耳飾りなどとともに、わが国が先秦時代の中国大陸から影響を受けたことを示す事例であると述べている（喜田一九二七）。しかしながら、これについてはその後に後続する事例が確認できず、しばし等閑視されてきた。その後一九八〇年代になり、青森県の今津《いまづ》遺跡・富ノ沢《とみのさわ》遺跡と、相継いで三足土器が発見され、中でも今津遺跡出土例は大洞《おおぼら》Ｃ２式ないしはこれと併行する聖山《せいざん》式特有の文様をもち、型式編年上の位置が明確な例として注目された。当然ながら研究者の間では、これを中国大陸にまで系譜を辿ることができるものとする意見と、日本の晩期土器の中で独自に生み出されたものとする意見が対立している（安一九九〇・一九九五、福田一九九一、新谷他一九八六、菊池他一九九七など）。しかしながら、東北地方における晩期縄文土器の中に、これら鬲状三足土器の祖形と見られるような器形は確認できず、自律的な型式展開が認め難いのも事実であり、その意味では現状において中国大陸側の鬲との関係を完全に否定することはできないであろう。対外交渉の可能性のある事例ということで押さえておきたいが、その具体的内容については全くの未解明である。

鉞状石斧《えつじょうせきふ》：一九九五年に山形県の中川代《なかかわだい》遺跡から縄文中期の土器とともに美しい蛇紋岩《じゃもんがん》製の有孔石斧が出土した（浅川他二〇〇二）。この石斧の形状は、中国大陸で見られる鉞（まさかり状の武器）に類似していただけではなく、石斧の表面には、甲骨文字《こうこつもじ》状の記号が刻まれており、発表当時かなり注目されたものである。早稲田大学の菊池徹夫《きくちてつお》は「石材の材質鑑定を経なければはっきりとは言えないが、伴出関係が確かだとすればこれはもう、大陸からの招来品とまでは言わないでも、少なくとも大陸文化の影響のもとに作られた玉鋏《ぎょくきょう》、といって間違いないのではないか」とまで言い切っている（菊池他一九九七）。

広島大学の李国棟《りこくとう》も、「鉞《えつ》文化は長江下流域の越地方を発祥の地として良渚文化《りょうしょぶんか》期から夏《か》文化期、殷《いん》文化期を経て周《しゅう》文化期に至るまでずっと継承されてきたのであり、山形県中川代遺跡から出土した石鉞《せきえつ》もこのような文化的背景の下で考察されるべきであろう。『管鑽《かんさん》』という孔の開け方から判断すれば、山形県中川代遺跡の石鉞は長江下流域の越地方で作られた物にちがいない」と述べている（李二〇〇七）。

私自身も、二〇一五年に秋田県立博物館において開催された企画展「石斧のある世界」において、本資料を実見した。縄文時代の磨製石斧と比較して、確かに異質感はあるのだが、私自身が中国で実見してきた鉞とは異なり、斧身の側面部断面が丸みを帯びておりシャープなエッジとなっていないことが気に掛かった。これについても類例を待ちたい。

以上記してきたように、これまで孤立的、閉鎖的と見られがちだった縄文文化にも、意外に中国大陸などからの影響が及んでいるらしいことは、以前と比較してもはるかに高い蓋然性をもって言えるようになってきている。稀有な状況ではあるにせよ、はるばる日本海を渡って来た人々と縄文時代の人々が交流する光景を想像する事は許されるのではなかろうか。しかしながら、現状ではそれはあくまで推測の域に止まることもまた確かなのであって、それを具体的な姿として描くには、今少し確実な資料の増加に努めなければならないだろう。

第4章　縄文のキーワード――定住・人口密度・社会複雑化

定住生活とはなにか

歴史の教科書には、縄文時代の集落の例として、青森県の三内丸山《さんないまるやま》遺跡や関東・中部地方における大規模な環状集落、たとえば長野県俎原《まないたっぱら》遺跡や群馬県三《み》原田《はらだ》遺跡、神奈川県神隠丸山《かみかくしまるやま》遺跡など、東日本の事例が採り上げられることが多い（図19）。しかしながら、西日本における縄文時代の集落の様相は、規模や居住形態など、これとはかなり異なる部分がある。ここでは、縄文時代における居住形態、平たく言うと住まい方、生活のパターンとこれに関連する諸問題について少し考えてみたい。

旧石器時代の人々は、その食料となる資源を追いかけて移動生活を営んでいた。それが縄文時代になると、定住生活を行うようになったと、多くの日本史の教科書では記述される。しかし、より専門的な見地から考えた場合、何をもって定住生活とみなすのかという問題に答えることは、実は容易なことではない。一般に私たちが定住生活と言った場合、それは一年中同じ場所で生活するという通年的なものを指す場合が多い。しかし、世界の諸民族の事例をみると、夏期は山地

図19　長野県俎原遺跡の環状集落（写真提供：塩尻市平出博物館）

に、冬期は低地にそれぞれ決まった家をもち、季節によってその二つの家を使い分けているというものもある。たとえば、東南アジアのアカ族などは、季節ごとに生活拠点を移動させながらも、コメ作りを行っている。コメ作りをするためには、なにも通年的な定住をする必要はないという事例だ。また、このような生活パターンは、一般的にイメージされる通年的な定住生活とも移動生活とも異なっている。むしろ、両者の間に分類することができる季節的な定住生活とでも言うべきものであろう。このように、人の居住形態は、移動か定住かというように明確に分離できるものではない場合も多く、通年的な定住生活と日々動き回るような移動生活の間には、非常に多くの様々な生活パターンが存在することを、まずは理解する必要がある。

　では、縄文時代の人々の居住形態は、一体どのようなものであったのだろうか。これに直接的に答えることは、非常に難しい。そこで以前より、縄文時代の人々と同様の生業形態、すなわち狩猟採集生活を行っている人々の記録を参考に、この問題について考えることが、考古学者の間では行われてきた。このような研究分野を、民族考古学という。

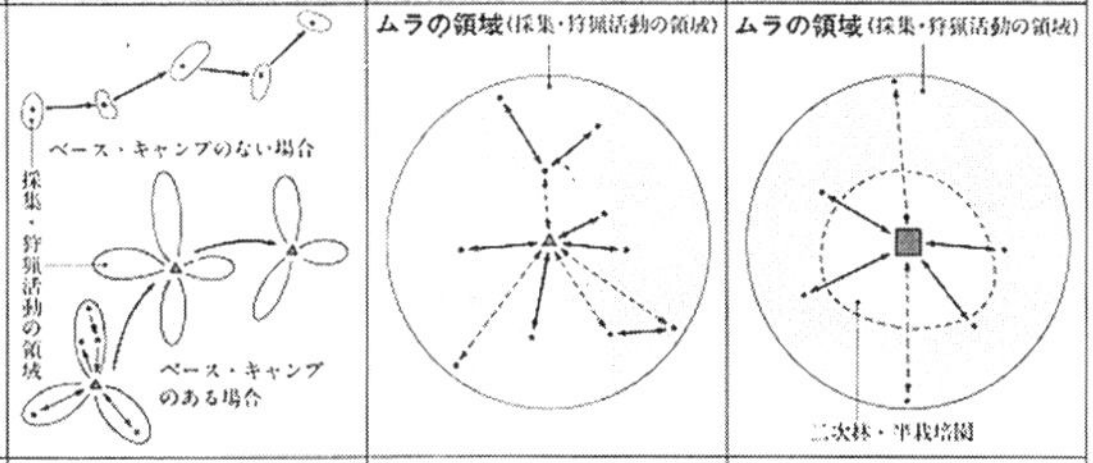

	フォレジャー型（移動キャンプ型）	コレクター型（拠点回帰型）	定住村落型（通年居住型）
居住・移動の図式モデル			
環境	食料資源が季節的・場所的にいつでも得られる	食料資源の種類が季節や場所によって、かたよる	（コレクター型と同じ）
採集・狩猟民の種類	熱帯・亜熱帯の採集・狩猟民 氷河時代の大型獣狩猟民	中・高緯度の採集・狩猟民	（コレクター型と同じ）
拠点と移動	集団の全員が食料の所在地へ移動 ベースキャンプも移動	ベース・キャンプがあり、必要に応じて、小さな移動キャンプに特定の集団を派遣する	定住村落が成立。ムラの周辺に二次林（半栽培園）。遠距離の採集・狩猟の比重減少する
消費と貯蔵	獲得した食料を貯蔵せず消費	獲得した食料を加工・貯蔵する 拠点へ運搬する	水さらし、発酵、その他食用化や貯蔵の技術がすすむ。儀礼や交易活動の発達
貯蔵	貯蔵なし	貯蔵あり	貯蔵あり
社会	高密度社会への適応なし	高密度社会への適応なし	高密度社会への適応あり
代表例	ブッシュマン、ピー・トン・クワン、オーストラリア・アボリジニ、マンモス・ハンター	カリフォルニア・インディアン、アイヌ、エスキモー、ニヴヒ、縄文時代人	北西海岸インディアン、新しいタイプの縄文時代人

図20　佐々木高明による狩猟採集民の居住形態（佐々木1991より）

民族考古学の知見

アメリカの考古学者ルイス・ビンフォードは、多種多様な様相をみせる狩猟採集民の生活パターンを、大きくフォレジャー型とコレクター型の二つに分類している（Binford 1980）。これは、アフリカのサン（いわゆるブッシュマン）と、アラスカのイヌイット（いわゆるエスキモー）の事例を参考に、生業形態と居住形態を組み合わせた生活パターンの類型化を試みたものであり、汎人類史的ではあっても、直接縄文時代に適用可能な分類案ではなかった。

そこで、民族学者で元国立民族学博物館の館長であった佐々木高明《ささきこうめい》は、狩猟採集民における通年的定住生活から移動生活までの生活パターンを、世界各地の民族例を参考に、フォレジャー型・コレクター型・定住村落型《ていじゅうそんらく》の三つの形態に分類し、これを居住形態や生業形態から想定される縄文時代の人々の生活パターンと比較している（佐々木一九九一）（図20）。フォレジャー型というのは、大枠では移動生活とほぼ同一のものであり、定まった居住拠点であるベースキャンプが存在しない、すなわち日々移動をしているか、あるいはベースキャンプがあったとしても、それを周辺の状況に応じながら短期間のうちに漸次移動させていく生活パターンのことである。往々にして熱帯地方やサバンナの狩猟採集民によく見ることのできる生活パターンであり、食料資源が季節や場所によって極端に偏在しない場合に、しばしば採用される生活パターンである。民族例としては、アフリカのカラハリ砂漠に住むサンやクンなどの生活パターンがこれに対応し、日本の場合では旧石器時代の人々がこれに該当するとされる。これに対し、コレクター型というのは、ベースキャンプを一カ所に固定させ、そこから食料獲得のための小集団、いわば兵站部隊《へいたんぶたい》を各地に派遣し、ベースキャンプに多量の食料や資材等を運びこんで利用するだけでなく、専用の貯蔵施設を作ってそこに食料等の資源を貯蔵するという生活パターンである。このベースキャンプは、季節等によって移動する場合もある。民族例としてはカリフォルニア先住民（いわゆるアメリカ・インディアンの一部）やイヌイット、アイヌなどがこれに該当する。縄文時代の大部分の時期は、このコレクター型の生活パターンであったとされている。最後の定住村落型というのは、コレクター型の定住度合いがさらに高まり、ベースキャンプを完全に固定化し、季節などによって移動させず、通年的にそこで生活を行うもののことである。佐々木によれば、アメリカ北西海岸の先住民の人々が該当するとされており、縄文時代では後期以降の時期がこれにあてはまると考えられている。

このような佐々木の分類を見ても判るように、生活パターンは、どのように食料を獲得し、貯蔵を行うかという「食料獲得戦略」と密接な関係があるとされている。

多角的な生業形態

縄文時代の「食料獲得戦略」が、狩猟と採集活動、漁撈を組みあわせた多角的なものであったことは、これまでにも繰り返し述べられてきている。しかし、その一方で、全国各地の貝塚や低湿地遺跡から出土する動植物の種類を分析してみると、縄文人が利用した食料の種類は多岐にわたるものの、量的にはイノシシやシカ、トチやドングリ類などが集中的に利用されていたということも判明している。このように集中的に利用された食料は、キー・フード（key food）あるいはメジャーフード（major food）と呼ばれている。いわゆる主食とは、ちょっと意味合いが異なる。現代的な意味で言う主食は、縄文時代には存在しない。縄文時代の人々は、有るもの、手に入ったものを何でも食べたというのが正しい。

利用食料の種類が多岐にわたる一方で、その利用量は特定の種類に集中するという二律背反的な生業形態は、食料資源の量が季節的に大きく変動する環境下において、できるだけ安定した生活を送るための、基本的な行動戦略であったと捉えることができる。日本を含む中緯度温帯地帯では、ドングリ類をはじめとするキー・フードの獲得可能量は秋から初冬にかけて最大となる。これらのキー・フードを効率良く利用するために、縄文時代の人々は様々な努力をしたことであろう。先ほど述べた生活パターンの選択も、そのための知恵の一つなのである。

キー・フードを効率よく利用するために、縄文人は食料等の資源として利用価値の高い特定の動植物に対し、積極的に関係を強めていったと推定される。特定の動植物に対してこれを効率よく、かつ独占的に利用しようとする、あるいはこれを増産しようとする行動は、大きく「管理」という語で括ることができる。縄文時代の動植物管理については、すでに数多くの研究が行われている（山田一九九九など）。たとえば、クリやクルミなどの堅果類を効率よく採集するために、これを縄文人たちが栽培し、管理していたとする意見がある。また、狩猟時にイヌを利用することなども、もちろん動物の管理として捉えることができる。一部では、イノシシの飼育（keeping・飼養《しよう》：一世代限りの短期間の飼育）を行っていたとする見解もある。

縄文時代においては、動植物の管理が積極的に行われていたと考えられる一方で、出土人骨から採取されたコラーゲンの分析による食生活の復元結果は、予想以上に縄文人の摂取食料に地域差が存在したことを明らかにした（南川一九九五・米田二〇一〇a・bなど）。たとえば、北海道高砂貝塚《たかさごかいづか》などの噴火湾沿岸の縄文人は、タンパク質摂取量のほとんどを海産大型動物と魚介類に依存し、広島県帝釈《たいしゃく》寄倉岩陰《よせくらいわかげ》遺跡や長野県北村遺跡などの山間部の縄文人は、ドングリなどの堅果類を多量に摂取していたと推定されている。また、関東地方における貝塚遺跡では、山や海の幸をバランスよく摂取していたとも考えられている（図21）。

このような摂取食料の地域的差異は、各地域間における自然環境、さらに踏み込めば各集落の周囲における微視的な環境の違いによる生業形態の差異とも連動していたはずである。そして生業形態の差異は、労働分業体制のあり方の違いなど、集落内における集団のあり方を通して、最終的には社会構造のあり方や精神文化のレベルにまで影響を及ぼしたことであろう。ここに、集落周辺の自然環境↕生業形態↕社会構造↕精神文化と、この四つが連動しているという関係性が理解できる。となると、次なる問題は、多様な自然環境を内包する日本列島においては、生業形態において多様な地域性が想定され、それはすなわち各地における社会のあり方が違うと想定されるにもかかわらず、これらの地域文化（仮にそう呼んでおく）を一括して、縄文文化と呼んでよいものなのか、そして第1章で見てきたような、「新しい日本の歴史」という、いわば

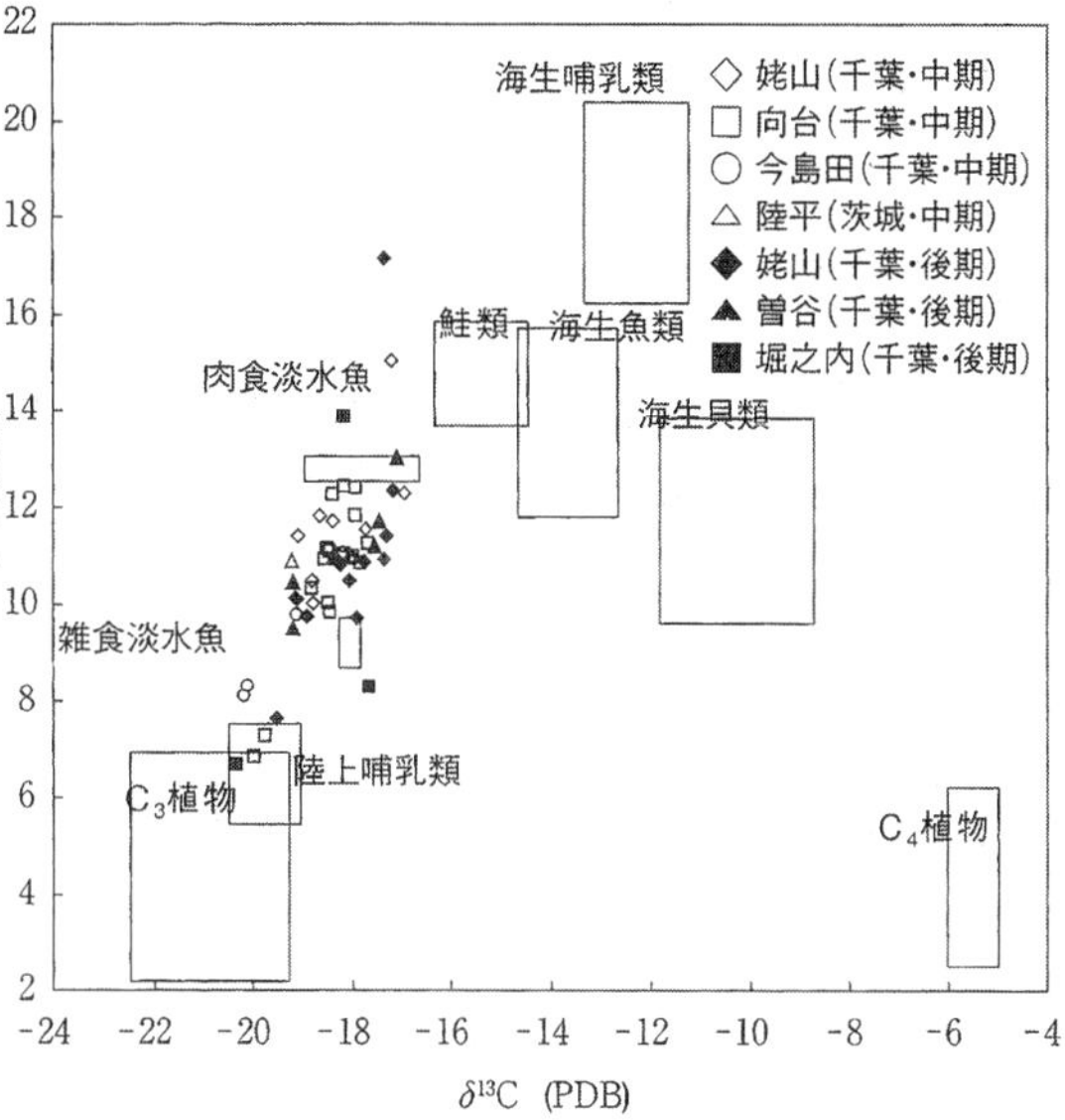

図21　関東の縄文時代人における炭素・窒素同位体比（米田 2010a より）

一国史観以外に、これらの地域文化を一括して一つのものとして考えてよいという、歴史叙述上、より積極的な理由があるのかということになる。「狩猟・採集・漁撈による食料の獲得、土器や弓矢の使用、堅牢な建物の存在や貝塚の形成からうかがうことのできる高い定着性といった様々な特徴によって、大きく一括りにすることができる」という言説以上に、縄文時代・文化をコンパクトに説明できるものはない、のではなかろうか。

しかしながら、このような問題提起をしている一方で、縄文時代・文化という言葉は、時期区分の指標、そして漠たる全体像を大づかみにして話す分には大変に使い勝手がよいのも、また事実である。ここでは今しばらく、先の問題には目をつぶって、居住形態と精神文化、社会構造のあり方に着目し、これまで教科書に書かれてきた「縄文時代像」とは異なる、別の「縄文時代像」について紹介したい。ケース・スタディとして、私が長年フィールドとしてきた山陰地方の事例を、そしてこれと同様の状況を呈する中国地方にまで広げて話をしていこう。

シンプル・モデルとしての山陰地方

これまでに述べてきたように、同じ縄文時代・文化であっても、大きな地方差が存在することは容易に想像できることである。ここでは、私が長年フィールドとした山陰地方島根県の縄文時代の様子を簡単に描き、それが東日本における縄文時代・文化の様子とどのように異なるのか、考えてみたい。私は、自分のこれまでの研究と経験からみて、縄文時代の山陰地方における集落や社会は、社会が次第に複雑化していくという社会発展的歴史観からみた場合に、比較的シンプルな段階の標準モデルとして取り扱うことのできるものだと考えている。ここでは、元々東日本の縄文時代を研究してきた私が、中国地方に赴任した時の衝撃と、さらに中国地方の縄文時代を研究して、その視点から東日本の縄文時代・文化を眺めたときの驚きを、読者の皆さんにもお伝えしたいと思う。

前述したように、食料資源の種類が季節や場所によって偏在する場合、そのような環境下に住む人々の生活パターンとしては、フォレジャー型よりもコレクター型、ないしは定住村落型をとることが普通である。では、山陰地方における縄文時代の人々はどのような生活パターンを営んでいたのだろうか。

山陰地方には、全時期を通じて一三〇〇カ所ほどの縄文時代の遺跡が存在する（第二八回山陰考古学研究集会事務局編二〇〇〇、島根県古代文化センター編二〇一四）。これらの遺跡の立地は、海岸部付近にあるものや山間部にあるものなどと多様であるが、一方で遺跡の発見数は土地開発の進展具合とも相関するので、現在の段階では一概にどの地域に多いということは難しい。しかし、先にあげた一三〇〇カ所、今後山陰地方各地において開発が進み大幅に増加したとしても二〇〇〇カ所程度と予想される遺跡数は、関東などの東日本の事例と比較しても非常に少ないということができるだろう。関東地方では、中期という一時期の遺跡を取り上げただけでも、この一〇倍以上の遺跡数はあると思われるからである。

これらの遺跡のうち、当時の集落のあり方が判明した遺跡は、さほど多くない。私がメインのフィールドとした島根県内において、集落の様相が把握できる事例としては、たとえば中国山地

図22　島根県原田遺跡における住居のあり方。矢印部が住居跡（写真提供：島根県教育庁埋蔵文化財調査センター）

にほど近い雲南市の原田《はらだ》遺跡などを挙げることができるが、多くの平野地域ではまだ確認されていない。島根県内の縄文時代遺跡の多くは散布地であり、多数の遺構が確認されるなど大きな広がりを持つものは少ない。この点を押さえた上で、まずは中国地方における典型的な集落像を知ることができる、原田遺跡における縄文時代の集落の様子を見てみることにしよう。

　原田遺跡の2区と呼ばれている地点からは、縄文時代晩期前葉の竪穴住居跡が二棟、中葉の竪穴住居跡が三棟検出されている。これらの住居跡は、楕円形ないしは不整形の平面プランをもち、その規模は長軸四～五メートルほど、短軸が三～四メートルほどである。住居の内部には細い柱穴《ちゅうけつ》が存在するものの他、中には柱穴が確認できないものもある。また、内部に炉が確認されているものとされていないものがある。検出された住居跡には環状に並ぶといったような定型的な空間配置を見いだすことはできないが、二棟で一単位をなす傾向をもつ（図22）。なお、原田遺跡からは、小さいながらも墓域や配石遺構群なども検出されており、遺物の出土状況などからみて、斐伊川《ひいがわ》中流域においては中心的な性格を持った遺跡であったことがうかがえる。

松江市域をはじめとする日本海側平野地域における縄文時代遺跡からも、いくつかの住居跡が検出されている。たとえば面白谷《おもしろだに》遺跡からは、後期の竪穴住居跡が一棟、単独で検出されているし、勝負《しょうぶ》遺跡からは竪穴住居跡と平地式の建物跡が各一棟ずつ確認されている。いずれにせよ、東日本の典型的な縄文時代の集落のように多数の住居跡が群在化するような状況は島根県では確認できず、複数の遺構が検出された原田遺跡のような事例であっても、多数の住居跡が地点的に集中するような傾向はない。住居跡の数から見た場合、島根県域の縄文時代集落は、かなり小規模なものであったと考えることができる。

しかし、このことは中国地方の縄文時代の遺跡では珍しいことではない。私が調べたところ、中国地方における縄文時代集落の住居跡の数は、山口県上原田《かみはらんだ》遺跡の事例をはじめ、大体二ないし三棟ほどのものがほとんどであり、これにいくつかの土坑《どこう》が付随するというあり方をすることが一般的であるからである（山田二〇〇二）。また、中国地方では多くの場合、縄文土器が出土することから縄文時代の遺跡であることがわかっても、そこからなんらかの遺構が検出されることは稀である。時には竪穴住居跡が一〇〇棟以上、土坑が数百基以上も検出されることのある東日本の縄文集落と比較すると、どうしても中国地方の集落が小規模であることは否めない。

一方で、住居が二棟程度の小規模集落という形態は、日本各地における早期初頭段階の集落規模とも類似しており、その点からみて中国地方の縄文集落は、縄文時代における最も初現的でシンプルな集落と同等のモデルとして捉えることができるだろう。

中国地方の集落の中にある住居の床面積を検討してみると、二〇平方メートルにも満たない場合が多く、ほとんどの事例は床面積が一五平方メートル以下のものである。このことから、たとえば人一人が居住するのに大人が手足を広げた広さとほぼ同じ約三平方メートル必要だと考えた場合、一つの住居に居住できた人数は最大でも五人程度であったと考えられる。したがって、中国地方における縄文時代の一集落の人口は、多くても約一〇人から一五人前後までだったと推定できるだろう。

この一つの集落に居住する人々が、家族や世帯、あるいは出自集団（たとえばリネージ：ざっくり言うと、直接的な血縁関係で結ばれた人々で、他の集団と婚姻を行うときの単位となる人々）など、これまでに知られている人間集団のうち、どれと対応するのか、直接的な証拠はまだ得られていない。しかし、少なくともまったく血縁関係のない他人同士が何の理由もなく集団居住をしているとは考えにくい。既知の人間集団において、居住地を同じくする一〇～一五人程度の集団で、かつ二～三棟程度の住居に分散して居住しているものとなると、親と子ないしは兄弟等の血縁関係に基づく小家族集団が一番想定しやすい。また、これらの小家族集団はその規模からみて、おそらく経済的な一消費単位であったであろうから、その意味では一つの世帯と考えることができるだろう。これらの点を勘案して、私は中国地方における縄文時代の集落には、血縁関係によって結ばれた小家族集団が居住しており、それが一世帯を構成していたと考えている（山田二〇〇二・二〇一〇b）。民族学者の大林太良《おおばやしたりょう》によれば、住居一棟には一核家族《かくかぞく》が居住するのが通常とされていることから（大林一九七一）、これを敷衍《ふえん》すれば中国地方の集落は、住居二棟の場合、二核家族一世帯からなる小規模なものであったと推定される。縄文時代の場合、この二つの核家族は血縁関係で結ばれているのだから、先に述べた小家族集団は、その意味では二〜三世代の親子孫などからなる拡大家族と言うべきものにも比定できよう。漫画の「サザエさん一家」を想像していただければ、イメージがつかみやすいだろうか。

一つの集落の人口が最大で一五人程度というのであれば、中国地方全体の人口数は一体どれくらいであったのか。かつて国立民族学博物館の小山修三《こやましゅうぞう》は、検出された竪穴住居跡の数から各地方における時期別の人口数を推定した（小山一九八四）。それによると、中国地方の人口数は最大とされる後期の段階ですら、およそ二四〇〇人程度であり、これは同時期の関東地方が五万一六〇〇人、中部地方が二万二〇〇〇人と想定されていることと比較してもかなり少ない。一九八四年段階からみて、今日における山陰地方の縄文時代遺跡数はかなり増加しているが、人口数を仮に小山の計算値の三倍、七二〇〇人と見積もっても当該期における中国地方全体の人口規模は、最大でも一万人以下のかなり小さなものであったと想定される。現在における中国地方の面積が三万一九二〇平方キロメートルであることから、人口七二〇〇人として平均人口密度を算出すると、約〇・二人／平方キロメートルとなる。この値は、民族誌的にみて、遊動生活をする狩猟採集民のそれに匹敵する。こうなってくると、山の中を歩いていても、人がいなくて寂しいというのではなく、逆に知らない人に偶然出会ったりすることの方が怖くなるほどの状況である。

中国地方における縄文時代の住居の構造に注目してみると、細い柱を円形にめぐらせて上屋をつくるものが多く、しっかりした屋根を支えるための太い柱をもたないものがほとんどである。これらの中には、住居内部に炉を持たず、竪穴自体の掘り方も比較的浅いものが多く見られる。つまり、中国地方の住居はあまり堅牢な構造のものではなく、その耐久性はそれほど高くなかったと想定することができるだろう。実際、同じ山陰地方の鳥取県妻木晩田《むきばんだ》遺跡などで確認されるような弥生時代中期以降における竪穴住居の掘り込みの深さ、柱穴の太さに比較したら、当地の縄文時代の住居は脆弱《ぜいじゃく》と言う他ない。

一集落あたりの人口数が最大でも一五人前後と小規模であること、住居の構造がそれほどしっかりとはしていないこと、これらの点に加えて、縄文時代の遺構検出例、特に住居跡の検出例が少ない、その一方で小規模な散布地が多いということは、中国地方の縄文時代の人々が一カ所に相当程度の長期間（たとえば一〇年とか）にわたたって通年的にじっと動かず定住し続けるような生活パターンを持っていたのではなく、ある程度の移動も可能とするような柔軟な居住形態を採っていた可能性を示唆する。この場合、「移動」というとすぐさま季節的な移動を思い浮かべ、一つの集落内の人々全員が一斉に動いてしまうような状況を考えてしまう向きもあるが、それは視野狭窄《しやきょうさく》と言うべき理解である。本来、文化人類学的な意味での移動とは、すべての集落居住者が一斉に動くという場合だけではなく、集落居住者の一部が、様々な目的によって分離し、分散居住する場合も含む、多様な状況を指し示す概念である。ただ、これでは混乱をきたす場合もあるので、本書では、たとえば以下のように概念規定をしよう。

移動：一つの集落の構成員全員が、同一の別の場所に動くこと。
分離：一つの集落の構成員のうち、一部が別の場所に動くこと。
分散：一つの集落の構成員全員が、それぞれ複数の別の場所に動くこと。
合流：分離・分散していた人々、あるいはそれ以外の新規の人々が共に同一の集落に居住するようになること。

また、先に想定した人口規模の小ささは、人口密度の低さとも連動し、それはそのまま彼らが利用可能であったテリトリー（行動範囲）が、他の地方と比して相対的に大きかったことを指し示すものである。

人口数の少なさと、いざという時には集落の移動・分離・分散・合流が可能なモビリティ、この二つが中国地方における縄文集落の特徴と言えるだろう。

定住の進展、人口（密度）の増加が社会を複雑にする

定住化が進展すればするほど、それと連動して人口数（人口密度）が増加してくるほど、移動生活を行っていた時には問題とならなかったような、様々な社会的問題が生じてくる。これをどのように解決したらよいのだろうか。先史生態人類学者で元筑波大学教授の西田《にしだ》正規《まさき》は、移動生活を行う積極的な理由として、大きく次の五点をあげている（西田一九八四・一九八六）。

(1)安全性・快適性の維持
a風雨や洪水、寒冷、酷暑をさけるため。
bゴミや排泄物《はいせつぶつ》の蓄積から逃れるため。
(2)経済的側面
a食料、水、原材料を得るため。
b交易をするため。
c共同狩猟のため。
(3)社会的側面
aキャンプ成員間の不和の解消。
b他の集団との緊張から逃れるため。
c儀礼、行事をおこなうため。
d情報の交換。
(4)生理的側面
a肉体的、心理的能力に適度の負荷をかける。
(5)観念的側面
a死あるいは死体からの逃避。
b災いからの逃避。

ある程度の人口数を抱えた定住生活を長期にわたって継続していくためには、上記の移動生活におけるメリットを、移動・分離・分散以外の方法で解決していく必要がある。たとえば、廃棄物（食物残滓《しょくもつざんし》・排泄物等）の処理に関する問題である。少人口下で移動生活をしていた時には、これらの廃棄物をそのまま適当に捨てておいても問題はなかったが、ある程度の数の人口を抱えつつ定住生活を行うとなると、安全性・快適性を維持するために廃棄場所を決めるなど、集落の内部空間を計画的に配置・利用することが必要となってくる。縄文時代の場合、これが、集落内における居住域と墓域の区別、さらに廃棄の場所、送りの場所が決められ、それらの結果が住居跡や墓、土器溜まりや貝塚として残された訳である。

定住することにより、これまでのように食料の存在する場所を追いかけていくような生活パターンは採れなくなる。したがって、定住するためには、集落からさほど遠くない距離の範囲内で、集落の人口を支えるために十分な量の食料を確保するということが必要となる。それをどのようにして確保するか、その方法論が課題となる。さらに定住するようになると、他の人や集団と顔を突き合わせる機会や一緒にいる時間が多くなり、一時期の人口密度が高まり、対人コミュニケーションの量が飛躍的に増加する。このことは、従来の移動生活にはなかった過度のストレスを、個人や集団間に生じせしめることになる。このようなストレスによる対立を回避し解消させるためには、人々の間で様々なルールや取り決めごと、もっと進めば「ムラの掟《おきて》」などが必要となってくる。

また、生活している間には、構成員の死亡や各種の災いなどが降りかかったことであろう。これらの災いや不幸から逃避するために、葬送や魔除けの呪術などの観念的側面を発達させる必要があったはずである。縄文時代の場合、食料獲得の方法論の一つとして、そして葬送や魔除けなどに対応するために呪術が発達し、それが各種の遺構や遺物として残された訳である。

通年的な定住生活を長期にわたって営むためには、これらの諸問題に対応できる社会システムを発達させていく必要があった。それゆえ、定住生活が進展していくに従い、それと連動して集落内の人口数が増加していくに従い、その度合いに応じて「複雑な社会」が形成されていったのである。この「複雑な社会」は、縄文時代を通して次第に発達していったものであり、草創期から晩期にかけて増加していく道具や施設の多様化、祭祀具の多様化、墓制の多様化などに、その「複雑化」の過程を看取することができる。場合によっては、弥生時代以降に出現する階級社会も、このような「複雑化」の延長線上に捉えることができるかもしれない、と私は考えている。

しかし、人口数が少ない、したがって人口密度が低く、小規模な集落を維持しながら、生活上の様々な問題を、最悪の場合には移動・分離・分散という手段によって解決することができるような生活パターンを保持しているのであれば、あえて上述したような「複雑な社会システム」を発達させる必要はない。

一方で、中国地方の縄文時代の人々がコレクター型の生活パターンを保持していたことを直接的に示す資料が、島根県九日田《くにちだ》遺跡や山口県岩田《いわた》遺跡、岡山県南方前池《みなみがたまえいけ》遺跡などから見つかっている。九日田遺跡からは、総数二三にのぼるドングリ類を貯蔵した土坑（貯蔵穴）が検出されている。これらの貯蔵穴は、円形の平面プランをもち、その直径は七〇センチから二メートルほどで、深さは一メートル弱の深いものもあれば浅いものも存在する。これらの貯蔵穴から出土したドングリ類は、アカガシ、イチイガシを中心とし、他にトチとクルミがある。貯蔵方法としては、土坑の底にドングリ類を入れ、その上を木の葉や小枝で覆い、土坑の開口部に樹皮と木材を渡してこれを覆い、その上に押さえとして礫を置いておいたようである。これらの貯蔵穴は丘陵部裾の「大井の池」に近接する旧川筋附近に群集しており、地下水位が高いことから、内部は常時水漬け状態になっていたことであろう。これは、ドングリ類のアク抜きを促進させるとともに、ドングリ類についた虫殺しの意味も兼ねていたものと思われる。いずれにしても、ドングリ類は複数年にわたるような長期保存には向かないので、一シーズンの越冬を主目的として貯蔵されたものであろう。これを肯定してよいのならば、九日田遺跡周辺では少なくとも秋から春先の期間に縄文時代の人々が生活していたとみて間違いなかろう。これに対し、島根県の宍道湖にほど近い佐太講武貝塚《さだこうぶかいづか》などは、出土する動物遺体に寒季の鳥類が見られないことから、即断はできないとしつつも、冬はあまり利用されていなかった可能性が指摘されている（内山一九九四）。このことは、遺跡にはそれぞれ季節性があり、主に夏期にのみ利用されるところもあれば、冬期を中心に幅広く利用されるところもあるという可能性を指し示しているかもしれない。少なくとも縄文時代においては、各遺跡が内容的に等質なものではなく、全てを同一のものとして語ることはできないという見通しを持つことはできるだろう。

一般に縄文時代になると、定住生活が始まるとされてきた。そのことは、これまで見てきた高校日本史の教科書にも記載されていることである。しかし、一歩踏み込んで学術的に検討してみると、定住生活とされた内容そのものは日本全国一律なものではなかったようだ。中国地方の事例で検討してきたように、定住生活も地域によっては必ずしも通年的なものではなく、場合によっては季節的、あるいは食料事情や社会的な理由によっては集落の構成員が、移動・分離・分散・合流する場合もあったと考えられる。一方、バイオマス（利用可能な食料資源の総量）が大きくなる秋になれば、ドングリ類を大量に採集し、蓄えるために人手がいる。そのような季節には人々は合流し、さまざまな共同作業を行ったことであろう。しかし、バイオマスが最も小さくなる初夏の頃には、分離・分散して各自の単位で食料の獲得に努めたこともあったであろう。たとえ通年的に一つの集落が利用されていたとしても、その集落の人口が年間を通して一定であったと考える必要はどこにもない。集落内の住居が、いわば空き家となったこともあったであろう。集落の大きさが状況によって大きくもなれば小さくもなる、この集合離散の柔軟さ、モビリティの高さこそ、当時の人々が自然の恵みを十分に活かしきるために採用した生活パターンなのである。レジデンシャルベース（本拠地）を有しながら、状況がよければ通年定住を維持し、そうでなければ生活領域の伸縮を繰り返したり、季節や社会的状況によって移動や分離、分散、合流したりする。中国地方の小規模な集落のあり方は、まさにそのような「融通無碍《ゆうずうむげ》」に変化する生活パターンを表していると理解でき、その状況はおそらく西日本各地の多くの縄文遺跡においても同様であったと想定できるだろう。

小規模集落・少人口下における精神文化

居住形態と連動して、精神文化の面についても触れておきたい。食料の多くを自然に依拠していた縄文時代の人々にとって、集落周辺のバイオマスの増減は最大の関心事であったと思われる。しかし、集落周辺のバイオマスが、いつも集落の人口を維持するのに十分なだけの大きさを持っているとは限らない。季節により、あるいは天候等により、バイオマスの大きさは常に変化するからである。そのため、縄文時代の人々は意図的に分離・分散して集落の規模を小さくしたり、ベースキャンプそのものを別の場所に移すといった移動や、食料となる動植物を積極的に「管理」するという方法で、バイオマスの低下に対応したことと推察される。また、縄文時代の人々は、上述したような行動に出る一方、「祈る」という優れて観念的な方法でバイオマスの維持および増産を図ろうともしていたらしい。

弓矢の矢じりとして使用された石鏃や、柄につけて土掘り具の刃として使用された打製石斧は、食料資源の獲得に対して直接的な役割を担う道具類である。これに対し、観念的な側面からバイオマスの維持・増産を担ったと思われる道具類が、縄文時代の遺跡から発見されている。土偶や石棒《せきぼう》、土版《どばん》や石冠《せっかん》[1]などといった、直接食料獲得活動に用いられたとは想定できない道具類がこれに当たる。これらの道具は、基本的には「祈り」の道具、すなわち祭祀に用いられたものと考えられており、小林達雄《こばやしたつお》によって直接生業を支えた「第一の道具」に対して「第二の道具」と名付けられている（小林一九八八ｂ）。

土偶は、これまでにも多くの研究者によって述べられているように、基本的には女性を、特に妊産婦をかたどった土製の人形（ひとがた）である。妊産婦を模しているところからみて、新しい生命を生み出すというモチーフを持つものと理解されている（水野一九七四）。同様の遺物に岩偶がある。これも形態が土偶に類似することから、土偶と同様の意味を持っていたと考えられるが、材質の違いがどのような要因によるものなのか、たとえば目的が異なるのかといった点に関しては、まだ解明されていない。

石棒は、ファルス（勃起した男性器）を模倣したものであろう。全国的に見た場合、大きいものは二メートルを超える場合もあるが、小さいものは一〇センチほどのものも存在する。後ほど詳述するが、土偶は女性原理による、石棒は男性原理による「新しい生命を生み出す（新生）」という共通のモチーフを持つ祭祀具であったと推定できる。これらの土偶や石棒には一度破損したものを、修復ないしは再加工し、そして再度祭祀に使用したと思われる事例も存在する。この場合、一度破損したものを再び使用するという点から見て、これらの祭祀具に付加されたモチーフは、「再生」ということになるだろうか。土偶と石棒などの呪術具に付加された「新生」と「再生」というモチーフは、縄文時代の祈りの根幹をなす代表的な思想であった。また、これらの「第二の道具」が使用される場、祭祀場として各種の配石遺構や環状列石などの施設が整備されていった。

これらの「第二の道具」は、「新生」と「再生」というモチーフを内在させた祭祀に用いられたものであろう。この「新生」と「再生」というモチーフは、縄文時代の人々がその維持および増産を願うすべてのものに適用されたと考えられる。たとえば、そのモチーフが木の実に対して発動されれば、木の実が増産し、イノシシに対して発動されればイノシシが増え、また、子供の生命に対して発動されれば、埋葬された子供は再びこの世に生まれ出てくると信じられたのであろう。その思想が最も具体的な形で表されている事例が、土器埋設遺構《どきまいせつい こう》である（山田二〇〇七）。

第5章でもお話しするが、土器埋設遺構は埋甕《うめがめ》とも呼ばれ、岡山県津雲《つくも》貝塚など他の遺跡における類例から、多くの場合子供の埋葬例、すなわち土器棺墓であると考えられてきた。世界の民族誌を見渡したとき、土器を女性の体に見立てるという思想は数多く確認でき（エリアーデ一九七一）、その中に子供の遺体を入れるということは、象徴的に女性の胎内に子供を返すという行為に他ならない。したがって、土器に入れて子供を埋葬するということは、その子供の「再生」を祈願されたものであったと解釈することができるだろう。

ただし、中国地方においてはあまり「第二の道具」は発達せず、これを使用する祭祀場も、大規模には発達しなかった。中国地方の遺跡において、土偶が一〇〇点単位で出土することはまずないし、多くても破片が一〇点あるかないか、通常あっても二、三点である。石棒にしても一〇点を超えることは稀有のことで、これも多くても破損品が二、三点の場合が多い。中国地方では、東日本の典型的な事例と比較して、「第二の道具」が圧倒的に少ないのである。また、中国地方において、土器埋設遺構は山間部の後晩期の遺跡を中心に検出されることが多いが、その数は一遺跡あたり一桁台にとどまり、東日本に比して多くはない（山田二〇〇一a）。ましてや、青森県三内丸山遺跡や福島県道平《どうだいら》遺跡における事例のように数十、数百の土器埋設遺構が群在化することもない。このことは、先にも述べたように、当時の人々の人口数および彼らが採用していた生活パターンと大きな関係があるものと推察される（山田二〇〇二）。

私たちが縄文時代の遺跡や文化的レベルを評価する場合、たとえば土偶の数といった量的な部分を評価する傾向がある。そして、量的に多いことをもって、「文化が進んでいた」と考えがちだ。しかしながら、たとえば土偶が多いということは、それだけ土偶による祭祀が必要とされたということに他ならない。土偶の非常に多い地域とほとんどない地域、現在の視点から見て、果たして精神的、社会的に不安定だったのはどちらであろうか。

中国地方における墓と集団構造

縄文時代の集落を発掘すると、墓と考えられる遺構はだいたい一定の範囲内から検出されることが多い。このような場所を、墓地ないしは墓域《ぼいき》と呼ぶ。墓域とは、集落内において住居の存在する居住域に対して、墓の存在する地点がある程度決まっている場合に、その地点について用いる用語である。一方、墓地は居住域とは完全に別地点に墓群が設けられている状態を指す用語である。また、この墓域の中をみると、いくつかの地点に墓が群在化して小さなグループを形成している場合もある。これを埋葬小群《まいそうしょうぐん》と呼ぶ。また、このように墓地・墓域内がいくつかの単位に分かれている状況のことを分節構造という。

中国地方において、人骨がある程度の数まとまって出土しており、確実に墓地・墓域を形成していると判断できる遺跡としては、広島県大田貝塚《おおたかいづか》（前～中期）、帝釈寄倉岩陰遺跡《たいしゃくよせくらいわかげ》（後期）、帝《たい》釈猿神岩陰遺跡《しゃくさるがみいわかげ》（晩期）、豊松堂面洞窟遺跡《とよまつどうめんどうくつ》（後期）、岡山県船元貝塚《ふなもとかいづか》（中期）、津雲貝塚《つくもかいづか》（後～晩期）、彦崎貝塚《ひこざきかいづか》（前・後期）、里木貝塚《さとぎかいづか》（中～後期）、船倉貝塚《ふなくらかいづか》（前期）、などをあげることができる。これらの遺跡は中国山地の帝釈峡遺跡群《たいしゃくきょういせきぐん》を除き、いずれも山陽地方瀬戸内側の貝塚地帯に所在する。

　これに対して日本海側の山陰地方では、まとまった人骨出土例は報告されていない。わずかに島根県サルガ鼻洞窟《はなどうくつ》遺跡と小浜洞窟《おばまどうくつ》遺跡においてその可能性が知られるが、残念ながら考古学的な情報が欠落しており、検討対象とすることはできない。

　人骨は出土していないものの墓地・墓域が形成されていると捉えることのできる事例、あるいは散発的ではあるが墓と考えることのできる事例としては、島根県板屋《いたや》Ⅲ遺跡（晩期）、下山《しもやま》遺跡（後期）、貝谷《かいたに》遺跡（後期）、平田《ひらた》遺跡（後期）、原田《はらだ》遺跡（晩期）、家《いえ》の後《うしろ》Ⅱ遺跡（晩期）、林《はやし》原《ばら》遺跡（後期）、鳥取県上福万《かみふくまん》遺跡（早期）、松ケ坪《まつがつぼ》遺跡（晩期）、山口県御堂《みどう》遺跡（晩期）、広島県陽内《ようち》遺跡（中期）、岡山県久田原《くたはら》遺跡（晩期）などが挙げられる。

　この他にも集落内において単独で検出される、あるいは散発的な分布をする土坑が検出される遺跡は数多く存在する。これらの土坑の多くが墓であったと考えるならば、中国地方における墓のあり方は次のようなパターンとして類型化できることになる。

単独墓型：集落内に墓が単独、もしくは散発的に存在し、群在化する傾向がみられないもの。

　墓地・墓域が形成されていないと考えられる事例である。島根県貝谷遺跡や林原遺跡をはじめ帝釈名越岩陰《たいしゃくなごえいわかげ》遺跡など、多くの遺跡がこれに該当する。

単独埋葬小群型：複数の墓が存在し、群在化する傾向のあるもの。全体の状況から墓地や墓域を形成していると考えられるが、内部に空間的な分節構造は確認できず、一つの埋葬小群＝墓地・墓域の形態をとるもの。岡山県船倉貝塚・船元貝塚、広島県陽内遺跡・豊松堂面洞窟遺跡、鳥取県松ケ坪遺跡・上福万遺跡などがこれにあたる。

複数埋葬小群型：墓地・墓域内に複数の埋葬小群が存在し、分節構造が確認できるもの。岡山県里木貝塚や津雲貝塚を代表的な事例としてあげることができる。また、岡山県久田原遺跡、島根県板屋Ⅲ遺跡・家の後Ⅱ遺跡、山口県御堂遺跡などもこれに含まれるだろう。

これら単独墓型から複数埋葬小群型の時期的なあり方としては、単独墓型が全時期を通じて存在する一方、単独埋葬小群型と複数埋葬小群型では後者の方に晩期の事例が多く、複数埋葬小群型の方が後出するようである。基本的に墓のあり方は、単独墓型→単独埋葬小群型→複数埋葬小群型という流れで捉えることが可能であろうが、実際にはすべての墓域がこのような単線的な複雑化過程を経ているのではなくむしろ共存しており、時期を追うごとにそれぞれの類型が付加されていくというのが実態である。

先に概観したように、中国地方の縄文集落のあり方は住居が二ないしは三棟程度からなり、その一集落あたりの人口も一五人を大きく超えるものではない。また、中国地方における埋葬小群は、出土人骨の遺伝的な形質の分析結果から血縁関係を軸に構成されたものと理解されている（山田二〇〇一b）。実際に人骨を出土した岡山県津雲貝塚や里木貝塚、彦崎貝塚などにおける埋葬小群の規模が五～一五体前後であることと、先の集落規模を考えあわせると、各々の埋葬小群は各集落の構成員の埋葬地点であったと理解できるだろう。したがって、中国地方の縄文集落は、一つの小家族集団ないしは世帯によって構成されていたと把握されることになる。その場合、中国地方における縄文集落と墓のあり方の基本的な対応関係は次のようになる。

一小家族集団＝一世帯＝一集落単位≒一埋葬小群（⊆墓地・墓域）

本来、家族とは血縁性に基づく集団紐帯の構造的単位であり、世帯とは生業活動および消費活動における機能的単位である。したがって、中国地方の縄文集落の場合、基本的には集落が構造的・機能的な一集団単位として存在していたことになる。しかし、これらの集落は個々に独立して存在が可能な訳ではない。集落内で必要とされる最小限の物資や食料資源などは自己調達が可能であったかもしれないが、少なくともサヌカイトや黒曜石などの遠隔地産物資の入手時などにおいては、他の集落の人々と接触があったはずである。また集落間によっては、婚姻による人的資源の交換が行われたりしたこともあったであろう。

小規模集落は様々な場面で機能的な部分もあるが、人口数が少ないという点で、集団維持の観点からすれば本質的な弱点を内在させている。自己の子孫を残してゆくことが生物の本能である以上、それが人の場合であっても自己ならびに自己の子孫の消失、ひいては自己が帰属する集団の絶滅は極力回避すべきことであったに違いない。したがって、このような小規模集落間では、必ずや何らかの相互扶助が行われていたはずである。その相互扶助の論理的根拠が、婚姻・出産によって発生する血縁的紐帯であった可能性は高い。

個々の独立した集落が、様々な面で相互扶助を行いながら連携をとりあっている。それが中国地方における通時的な縄文社会のあり方である。しかし、中国地方のように全体の人口数そのものが少ないと想定される一定の地域内において、小規模集落間で婚姻が繰り返された場合、各集落内、および集落間の構成員の大半が何らかの「系譜的な血縁関係」を有するという状況が起こりうる。先に述べたように、想定される相互扶助と連携がこのような血縁関係に基づいて行われている可能性が高いとすれば、一集落を構成する小家族集団・世帯を包摂する、より規模の大きな広域的な血縁集団がその背後に存在したと想定するのは妥当であろう。この場合の大規模広域的血縁集団は、共通の血縁原理で統合されているという点から、基本的にはリネージやクラン（ざっくり言うと、実際には血縁関係があるかどうか定かではないが、先祖は同じであると信じている人々の集団で、婚姻上の単位となることが多い）といった出自集団とオーバーラップするものと考えることができる。中国地方における縄文社会のイメージとしては、同じ出自集団の構成員が複数の小規模な集落に分散して居住しているという状況を描くことができよう。

島根県古代文化センターの稲田《いなだ》陽介《ようすけ》は、島根県林原遺跡における集落のあり方、土器溜まりのあり方を分析し、季節的な集合離散を繰り返す集団像を抽出している（稲田二〇一〇a・二〇一〇b）。林原遺跡などにおいて推定される集落の移動・分離・分散・合流は、全くの非血縁関係にある集団がランダムに行ったと考えるよりも、この出自集団が基礎的紐帯となって行われたものと考えた方が自然である。そのように考えたとき、先の点も勘案して、このような集落のあり

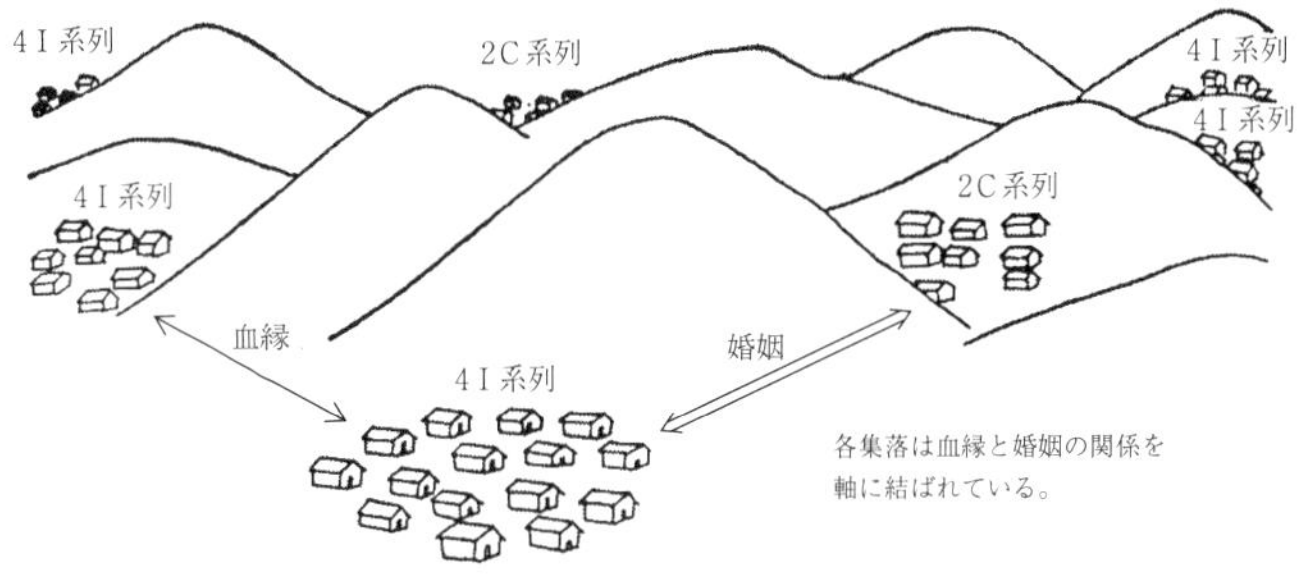

図23　キージングのモデルに基づく中国地方の集落と社会の関係（キージング1982を改変）

方は、社会学者であるキージングが示したコミュニティモデルでいうと、タイプ２にあてはめることができるだろう（キージング一九八二）。私は、中国地方における抜歯型式のあり方から、この地域における縄文時代晩期の人々は４Ｉ系列と２Ｃ系列という、大きく分けて二つのグループ（出自集団）に分けられていたと考えている（山田二〇一〇ｂ）。図23はキージングのタイプ２のモデルをもとに、中国地方晩期のモデルを示したものである。各集落は、単一の出自集団（たとえば４Ｉ系列とする）の成員とその配偶者（２Ｃ系列：出自集団は婚姻時の単位となるので、この場合４Ｉ系列の人は２Ｃ系列としか結婚できない。ちなみにこの場合、生まれた子供は４Ｉ系列に帰属する）によって構成されている。したがって、出自集団という枠からみれば、中国地方には原則的に２Ｃ系列の人が婚入してくる４Ｉ系列の集落と、その逆の２Ｃ系列の集落が存在することになる。一方、各集落は出自集団の如何を問わず地縁的に周辺の別の集落とつながりをもち、一つの地域コミュニティとしてまとまりをもつ。この場合、各集落は出自集団の分節に当たるものの、４Ｉ系列の集落は、親族（血縁）という絆と、婚姻という絆で、周辺の4Ⅰ系列の集落と2C系列の集落と結びつけられていることになる。

その点を踏まえて、複数埋葬小群型の墓地・墓域を考えてみることにしよう。先にも述べたように複数埋葬小群型の墓地・墓域内には複数の埋葬小群が確認でき、この埋葬小群内における被葬者が各集落の構成員であった可能性が高い。その場合、理論的には埋葬小群内に4Ⅰ系列と2C系列の両方の人物が埋葬されることとなるが、それは津雲貝塚などにおける埋葬小群のあり方と一致している。これらの諸状況を勘案すると、複数埋葬小群型は同じ出自集団を構成する複数の集落が集合して形成された、いわば出自集団の共同墓地・墓域であると考えることができるだろう。

これまで見てきたように中国地方における縄文時代の人々は、場合によっては集落の移動も是とする人々であった。しかしながら、複数の集落の人々が、長期にわたって埋葬され続けた墓地が存在するということは、そこには当時の人々が死を刹那的《せつなてき》なものと受け止めたのではなく、死者たちを系譜的に捉える視点が存在したはずである。この点については、次章で細かく検討しよう。

歴史において社会の複雑化は必然か?

中国地方における縄文時代のあり方、すなわちモビリティの高い、移動可能な居住形態、低い人口密度を維持していくような社会、それでいて広域的な血縁関係で結ばれている人々の社会のあり方は、自然の恵みを享受する安定したサスティナブル社会でもあった。このような社会のあり方から理解できることは、人の社会が必ずしも時間と共に複雑化していくように宿命づけられたものではないということである。

七〇年代までの縄文時代観では、その終末期には縄文文化は行き詰まりをみせ、やがて来た稲作文化にとって代わられたと説明されてきた。たとえば、考古学者で元興寺文化財研究所所長の坪井《つぼい》清足《きよたり》は、一九六二年に刊行された『岩波講座日本歴史』第一巻の「縄文文化論」の中で「縄文文化は後期以降それ自身の生産力の限界によって発展性を失い、停滞的な社会をいとなんでいたことについてはすでにのべてきたが、これにピリオドをうたせたのは、大陸よりあらたな水稲耕作の技術をともなって波及した金属文化であった」と述べている（坪井一九六二）。考古学者の岡本《おかもと》勇《いさむ》も、坪井の一三年後に新たに刊行された同シリーズ『岩波講座日本歴史』第一巻、「原始社会の生産と呪術」の中で「縄文文化の、いわば停滞的な性格は、採集経済のもつ歴史的法則にねざしていることはあきらかである」と述べている（岡本一九七五）。

これは、いわゆる「マルクス主義史観」による社会発展段階説に基づくものである。現行の日本史教科書の構成がすでにそうであるように、学校で日本の歴史を学んだ多くの人々が、意識するしないは別として、ある意味すり込まれてきた歴史観だ。しかしながら、第2章でも見てきたとおり、一九八〇年代以降の縄文時代に関する新たな発見は、縄文時代のイメージを「貧しい縄文」から「豊かな狩猟採集民」へと大きく変えてきた。その中で、いつも私が疑問に思うのは、「縄文時代は本当に停滞的なのか?」という点であった。縄文時代を「停滞的なもの」として捉える見方は、一方では弥生時代以降を「進んだもの」とみる見方でもある。

この問題について、一つの答えを与えてくれる歴史の見方がある。それが環境史的な歴史観である。人間の紡いできた歴史は環境の影響を受けている、あるいは環境こそが人間の歴史を規定するという、いわば「環境決定論」に基づく環境史的な歴史観は、人の能動的な働きを重視する「マルクス主義的史観」に立つ人々からは白眼視されてきたという経緯がある。しかしながら、集落周辺の自然環境に対する人々の適応のあり方によって、生業形態から居住形態、社会構造、精神文化のあり方が変わりうるという、本章で行ってきたような議論を踏まえれば、この考え方は、様々な資源を環境に大きく依存する縄文時代を考える上で実に多くの視点を与えてくれる。

ここでは中国地方における縄文時代像を描いてきたが、同様の展開は西日本の各地、たとえば四国などでも見られたことであろう。ここにある縄文時代のイメージは、東日本におけるそれとは異なるものであり、仮に「中四国式縄文文化」とでも言うべきものである。東日本各地の遺跡から想定される集落規模、人口数、「第二の道具」のあり様は、世界各地における農耕開始以前の遺跡のあり様からみても、目を見張るものがある。たとえば、谷口康浩が東日本における縄文時代の環状集落のあり方から抽出する社会像は、社会の複雑化という面で、部族制社会から首長制社会への移行や階層化社会の存在を射程に入れている（谷口二〇〇五）。世界史的にみて、農耕以前の社会でこのような状況を呈するような社会は稀有である。いかに東日本の縄文文化がユニークな存在であるか、ご理解いただけるだろう。

このような差は、根本的には各地における自然環境プラス人的環境（集落内外における人口密度や集落間における関係性の相違など）へと適応の仕方に起因するものであり、その適応の仕方が、居住形態や生業形態、そして社会構造、精神文化の差異へとつながっていったと、私は理解している。この論理でいくと、縄文時代・文化の中にはこのような適応差が、それこそ自然環境の差によって区分される地域ごとに存在したということになる。問題は、そのような状況を一つの縄文文化という言葉で一括して良いものなのか、それともある程度の地域をまとめて、縄文時代・文化の中に、時期差を踏まえたいくつもの小文化圏を設定した方が良いのかという点である。これを、「culture」（縄文文化）と「subculture」（地域文化）の対比として捉えることも可能だろう。この場合、たとえば「縄文文化」と「亀ヶ岡《かめがおか》文化」、あるいは「船元《ふなもと》文化」・「加曽利《かそり》E文化」のように土器型式（様式）・細分型式をもって地域文化圏を定めるという手法をイメージすると理解しやすいかもしれない。このような方法は、たとえば『日本の人類遺跡』などにおける各時期の文化的様相の区分等で、すでに縄文時代研究者は実践済みであり（春成他編一九九二）、さほど抵抗はないのではないか。ただし土器型式は、しばしば海岸部と山間部といったような環境の違いを超越して分布することがあるので、この点は注意が必要であるが。東京大学教授の大《おお》貫静夫《ぬきしずお》は、土器型式分布圏をもって、文化圏を設定する北東アジアの手法を紹介しているが、これなどは縄文文化という枠組みをはずして、比較考古学的観点から東アジア全体を通覧するときに大いに参考になるはずである（大貫二〇〇八）。このような視点にプラスして、生活用具の組成や生業形態など、他の要素を考慮すれば申し分ないだろう。

　同一時期の日本列島の中に複数の文化が存在するという状況については、すでに弥生時代に先例がある（藤本一九八八、山田二〇〇九、藤尾二〇一三a・b）。弥生時代においては、日本列島の中に弥生文化と続縄文文化が共存する。西日本を中心とする本州において稲作が行われるようになっても、これを導入できなかった北海道では、縄文時代以来の生活を続けたが、これを続縄文文化と呼んでいる。また、沖縄・南西諸島においても同様で貝塚時代・文化が展開する。さらに、稲作を行いながらも続く古墳時代へと移行できなかった（しなかった）という理解も可能だが）地域を別の文化として捉える考え方も存在する（藤尾二〇一三a・b）。これには、弥生時代という時代区分が本当に有効なのか、弥生文化という言葉で一括りにすることができるのかといった発言も存在するくらいだ（たとえば石川二〇一〇）。現在の日本列島内において、弥生時代においては、同時期に複数の文化が併存している。この場合の大きな区分基準は、農耕を行っているかどうかという経済的指標が第一で、その継続的発展性が第二だが、いずれもこれは「日本」の文化である。

縄文時代にもこのような区切りを導入することはできないであろうか。時代区分として縄文時代というステージ（stage：時間的・経済的段階）が存在することは認めてよい。しかしそのステージの上ではさまざまなフェイズ（phase：各地における様相）が共存している。そういう状況、その総体こそが縄文文化の実態なのであろう。縄文文化とは、狩猟・採集・漁撈による食料の獲得、土器や弓矢の使用、堅牢な建物の存在や貝塚の形成からうかがうことのできる高い定着性といった様々な特徴によって、大きく一括りにすることができるが、一方では、日本列島という地理的空間の中における地域文化の集合体ということもできる。これを、上位の縄文文化と下位の地域文化（culture：subculture）という形で捉えるのか、それとも同等の地域文化が並列する状況を想定し、それを総じて縄文文化と呼んでしまうのかでは、歴史的な立ち位置が異なる。第3章でもとりあげた「南島縄文文化論争」を考えるときにも、縄文文化の中の地域性として捉えるのか、それとも南島縄文文化、あるいは琉球縄文文化として、各地の地域文化と並列させるのか、どのような立場に立つのかによって、答え方は変わってくるだろう。

縄文文化は存在するのか。このような議論は、土器文化の系統的な研究視点から南山大学の大塚達朗によってもすでに提起されており（たとえば大塚二〇一三a・二〇一三bなど）、決して突飛な話ではない。これだけ地域的な様相が明らかにされてきているのだから、そろそろ一国史的な議論から離れて、再検討をする時期に来ていることは間違いない。国立歴史民俗博物館名誉教授の春成秀爾《はるなりひでじ》は、一九九二年の段階で縄文文化について以下のように述べている。「二〇〜三〇人からなる定住集団を単位とする数十の集団群が、土器型式を生み出す母体となっている。各種の物資はこの範囲内を流通し、稀少財のように他から入ってくるものもある。これがおそらく部族に相当し、通婚の範囲でもあろう。縄文文化とはこのような単位が連鎖した同質の文化の総体のことである」（春成一九九二）。縄文文化とは、決して単一無二のものではなく、各地の地域文化の総体である。このような視点については、今後改めて議論しなければならないだろう。

これとあわせて、時期的枠組みである縄文時代から弥生時代へという stage の変化を、ポジティブなイメージで、発展段階的な視点で見ることも、そろそろ一回考え直した方がよいのかもしれない。無意識のうちに特定の地域を国家の歴史の範疇に入れようとしていないか、無意識のうちに食糧生産をより上位のものと見る方向に傾斜をしてはいないか、この点を冷静に見つめることも必要だろう。

翻って、現代社会における諸システムは、増産・拡大という右肩上がりの発達・発展を前提として構築されている。まさに社会発展段階説に則ったものだ。しかしながら、一九八〇年代以降の縄文時代・文化の研究は、「人の歴史は、全て右肩上がりの発達・発展だけで描くことができるものではない」ということを教えてくれているのではなかろうか。全ての社会が、複雑化し、国家を目指すのではない。フランスの社会人類学者のピエール・クラストルが言う「国家に抗する社会[2]」（クラストル一九八七）は、日本の縄文時代における「諸文化」の中にも存在した。しかしながらその社会は、社会を複雑化する方向性を内包した灌漑水田稲作文化の到来という「外圧」によって、変容していったのである。日本という「国」は、今も昔も「外圧」によって変化するしかないのだろうか。変らないということに何ら価値はないのだろうか。それは、すでに歴史の中に答えが見つかっているはずである。

第5章　縄文時代の死生観

埋葬をおこなう動物、ヒト

縄文時代の死生観について述べる前に、葬墓制研究上の前提について、少し話をしておきたい。死を悼み、遺体を埋葬するということは、ヒトのみにみることのできる行動である。少なくとも、ヒトと遺伝子的距離の最も近い大型霊長類であるチンパンジーは、死というものを認識できていないようであるし、ましてや埋葬を行うということはない。

動物行動学の分野では、アフリカゾウが死を嘆き、遺体に木の枝などを乗せるという行為が報告されているが、たとえゾウが「活動の不可逆的停止」という意味で死を認識することができたとしても、それに付随する行為が本当に嘆き悲しんでのものなのか、さらには小枝を乗せるという行為が繰り返し観察できるものなのか、多くの疑問が残される。また、霊長類学者からは、母親が死亡した子供のチンパンジーが背中を丸めて悲しそうな表情をし、心身が不調になったという事例が報告されているが、それも見方によって解釈が異なる性質のものであるし、たとえ悲しみという感情を認めたとしても、それが埋葬につながったという事例は存在しない。チンパンジーだけでなく、ニホンザルも埋葬を行わずに、遺体をそのまま放置するし、ヒト以外の哺乳類においても、これまでに埋葬を行うという報告はなされていない。したがって、埋葬を行い、墓をつくり、かつこれを営むという行為は全生物のうち、ヒトのみが為しうるものであると考えてよい。その意味では「死」とは、ヒトが創り出した「概念」であると言うこともできる（新谷一九九五）。

しかし、人類史的な観点からみると、ヒトが埋葬を始めたのはさほど古いことではない。ホモ・ネアンデルターレンシスは埋葬を行っていた可能性があるが、その内容はいたってシンプルなものであり、そこから遺体を隠すという意味以上のものを読み取ることは難しい。ところが、二〇万年程前に出現したとされるホモ・サピエンスは、ホモ・ネアンデルターレンシスとは異なり、様々な品物を墓に入れて副葬したり、赤い顔料を遺体に振りかけたり、複数の遺体を合葬したり、一度埋めた遺体を掘りだしてさらに埋め直したりと、非常に多様かつ複雑な埋葬を行ってきた。

なぜ、ホモ・サピエンスはこのように複雑な埋葬を行うことができたのか。その理由として多くの研究者は、ホモ・サピエンスが抽象的思考能力、認知能力、言語能力等において非常に優れているという点を指摘する。確かに数々の装身具や洞窟絵画、人物像、動物像などの精神文化の高揚に関すると思われる考古学的証拠は、ホモ・サピエンスの登場以降に爆発的に増加する。埋葬も精神文化の発達と無関係ではない。人類史的にみた場合、多様な埋葬行為は、ホモ・サピエンスのみにみることのできる複雑な思考の産物なのである。複雑な思考があるからこそ、埋葬行為、ひいては葬墓制は多様化する。そしてその多様性は、日本においても確実に後期旧石器時代にまではさかのぼる。古い墓は単純だ、ということはない。まずは、この点を押さえておくべきだろう。

多様かつ複雑な葬法

現在の日本列島の領域にヒトがやってきたのは、今から四万年程前の後期旧石器時代のこととされる。彼らは、現代に生きる我々と同じホモ・サピエンスであったと考えられる。日本ではこの時期の墓と認定される事例が少なく、あまり多くを語ることはできないが、ロシアのマリタ遺跡やスンギール遺跡など、世界各地における多様かつ複雑な埋葬例からも推定されるように、後期旧石器時代の人々は埋葬に関して、さらには墓に象徴される死に関して、非常に複雑な思考を有していたと思われる。これらの事例よりも時代的に後出し、かつ同じホモ・サピエンスである縄文時代の人々も、当然ながら死に関して複雑な思考体系を持っていたはずであり、その発現の一端である埋葬に関しても、縄文時代当初から複雑な文化的背景を持つものであったに違いない。このことは、縄文時代草創期の墓が、副葬品や遺物の散布などにおいてすでに多様なあり方を示していることや、続く早期の愛媛県上黒岩岩陰《かみくろいわいわかげ》遺跡や大分県二日市洞穴《ふつかいちどうけつ》遺跡などにおいて、複雑な葬法である多数合葬・複葬例が確認されていることからも支持されるだろう。

そこで、縄文時代の葬墓制を考えるにあたっては、まず縄文時代の人々が我々よりも思考能力の劣った原始人であるというステレオタイプ的な発想を棄却し、彼らが現代の我々とほとんど変わらぬくらいに複雑なコスモロジーを持った人々であったという認識からスタートする必要がある。これまで、研究史上において特殊な埋葬として取り上げられてきた、胸の上に人頭大の石を乗せる抱石葬《だきいしそう》や、遺体を土器内に収納する土器《どき》棺葬《かんそう》、遺体の頭部に土器を被せる甕被葬《かめかぶりそう》、骨化した人骨を井桁《いげた》状に組んで埋葬を行う盤状集骨葬《ばんじょうしゅうこつそう》などといった、多様な葬法は、まさに複雑な思考の産物なのである。

また、縄文時代の葬墓制は、地域や時期によって特徴的な葬法が出現したり、あるいは消滅したりするなど、多種多様なあり方をすることもわかっている。主要四島のみでさえ、その差し渡しが約二〇〇〇キロにもおよぶ日本列島においては、気候や動植物相といった自然環境が地域や標高によって大きく異なる。そのような土地に花開いた縄文文化も、当然ながら地域や時期によって非常に多様な展開をしていたことは、これまで述べてきた通りである。基本的な生業形態が狩猟・採集・漁撈であった縄文時代においては、多様な生態系に対応するために多様な居住戦略が発達した。そして多様な居住戦略は、これまた多様な精神文化を育んだ。これは葬墓制とて例外ではない。

用語の問題

さて、縄文時代の墓や葬送、およびそれに関連する用語としては、墓制、葬制などの語が用いられることが多い。しかし、これらの用語は厳密に規定されることなく、多分に研究者が個々にイメージするニュアンスの面から相互乗り入れ的に使用されてきた。そこで、ここで私なりに整理しておくことにしよう。

墓とは、死者の遺体が納められる場所およびその施設を指し示す語であり、施設に付随する様々な装置をも包含する。この墓を造り、そして営む制度を墓制という。墓制は制度であるから、考古学的な一定のパターンとして捉えることができなくてはならない。また、遺体そのものを処理する（葬る）方法のことを葬法という。葬法とはあくまでも方法なので、極端な話、埋葬例ごとに変わったとしても問題はない。葬法のうち、特に地下に遺体ないしは人骨を最終的に埋納・安置することを埋葬という。このように捉えると、埋葬の前に遺体を燃焼させる、いわゆる火葬などの遺体破壊行為は、葬法中のシークエンスとして理解できる。

縄文時代の場合、墓と考古学的に認識できるほとんどの資料は、土坑《どこう》内に遺体を埋める埋葬例である。遺体が埋葬されていた土坑を、土壙《どこう》（壙には本来墓穴の意がある）ないしは墓坑《ぼこう》と呼ぶ。

墓制とよく似た言葉に葬制がある。葬制とは、死および死者、残された人々などをめぐる儀礼や習俗全体を指し示す言葉であり、死の予兆から死後の「弔いあげ」にわたるまでの一定の期間にまたがる一連の制度のことである。葬制には、たとえば、死者を追悼する服喪儀礼、反復的な記念行事、死に関する様々なタブー等も含まれる。したがって、その範疇は墓制よりも時間的に長く、事象的にも広範囲なものを含む。このように考えると墓制は葬制の中に含まれるということになるが、叙述上の概念が両者にまたがる場合には、これを葬墓制と呼ぶこともある。

埋葬例にも様々な種類がある。私は埋葬行為が一回のみで終了している事例を単葬《たんそう》と呼び、複数回行われたと考えられ、従来再葬《さいそう》などと呼ばれていたものを、単葬に対して複葬《ふくそう》と呼んでいる。

両者を区分する際の指標は、出土した人骨の各部位が解剖学的に自然な位置関係にあるかどうかという点である。ただし、遺体がかなり腐敗し、関節各部位の連結が離断した段階で埋葬される可能性もあることから、この判断には遺体全身の検討を要する。

　また私は、出土した人骨に同一部位の重複がなく、遺体が単独で埋葬されたと判断できるものを単独葬《たんどくそう》と呼び、部位に重複があり、同一土壙中に複数個体が含まれると判断できるものを合葬《がっそう》と呼んでいる。出土状況から埋葬の同時性が保証されるものを同時合葬と呼び、個々の遺体の埋葬時点に時間差があると考えることができるものを時差合葬と呼ぶ。

　考古学的に葬墓制を捉えるにあたっては、まず墓を確認する必要がある。墓の認定方法については、土坑墓を中心として検討が行われてきた。これらの方法は、いずれも人骨出土例に観察できた埋葬属性（墓から得られる様々な情報）を判断基準として、土坑を墓と認定しようというものである。考古学的には正しい方向性であるが、遺体が消失してしまった事例の方が、人骨が残存している事例よりもはるかに多かったと考えられる以上、人骨出土例との比較による認定方法を採用するだけではなく、医化学分野の研究者と共同して、真に有効な化学的認定方法を開発する必要があるだろう。同様のことは土器埋設遺構《どきまいせついこう》（埋設土器《まいせつどき》・埋甕《うめがめ》）についてもあてはまる。内容物の確定なくして、議論を深化させることはできない。

　また、墓に近接して殯屋《もがりや》と考えられる建物跡や、埋葬時点とは明らかに構築時期の異なる配石などの上部構造、さらには埋葬時点とは時期の異なる副葬品の存在が確認される場合がある。これらなどは一連の葬制というコンテクストの中で理解することが可能であろう。しかし、遺構の遺存状況が多分に偶然に支配される状況下において、葬制の全てのプロセスを復元することはなかなか難しい。近年では、環状列石など墓を伴う大型配石遺構を記念物・モニュメントセメタリーとして捉え、そこで直接的ないし擬制的な先祖・祖先・始祖に対する祭祀を繰り返し執行したと考える研究者も多い。この場合、墓や葬制に関わる人々である葬送儀礼執行者は、被葬者個々人に対する一過性のものではなく、数世代にわたる累世的・長期的な祭祀を執り行ったことになる。先の墓制や葬制の延長線上にこの点を含めて、複数の人の死に関わる長期的な祭祀のあり方を、葬墓祭制と呼ぶ。葬送儀礼を行う側の主体性を包摂する概念として、重要な視点である。

葬墓制研究の意義

葬墓制に含まれる一連の葬送儀礼というものは、必ずしも被葬者を追悼するためだけにあるのではない。葬送儀礼は、死が生じたことによる労働力の低下、知的シンクタンクの喪失、人脈、人望などの物理的・精神的損失を補塡するために、それ自体およびそれを執行するための様々な要領の内に、新たな秩序を生み出すスタビライザーとしての機能を合わせ持っている。例えば、現代においても葬式やお盆など、死者をまつるために人が集まった場合、そこでは死者を追悼するための儀礼以外に、同族同門意識などの社会的な紐帯や相互序列の確認と継承および再編成・再生産が行われ、それと同時に様々な情報が交換されるとともに、財産が少なからず消費・分配される。また、葬送儀礼を執行するにあたり、誰がその主催者になるかによって、被葬者が生前に有していた地位や権威、財産などの継承がどのようになるのか明示されることもある。葬送儀礼にみることのできるこのような社会調節機能は、世界各地の民族事例においても確認できるものであり、縄文時代においても多かれ少なかれ存在したことであろう。これら一連の葬送儀礼を規定するものが葬墓制である。また、葬送儀礼を主体的に行う集団は、基本的には被葬者が帰属していた集団である。したがって、葬墓制を語るということは、その対象とされる社会および文化がどのような形で継承・再生産されていったのかということを跡付けること、そして被葬者の帰属集団のあり方を検討することに他ならず、ここに精神文化の研究という枠を超えて葬墓制の研究を行う歴史的・社会的意義が存在するのである。

私は、葬墓制とは個々の集団の主体性を認めながらも、居住形態や生業形態とリンクした「環境適応行動戦略」の一環として捉えられるべきものであると考えている。その観点からここで指摘しておきたいのは、当時の人々が通年的な定住を行っていたと捉えるのか、それとも季節などによってある程度移動をしていたと捉えるのかといった、想定される居住形態のあり方によって、またこれと連動していたはずの生業形態をどう考えるのかという視点によって、イメージされる当時の集団像・社会像ひいては時代観が大きく異なってくるのではないかということである。定着性の高い集団と遊動性の高い集団とでは墓のあり方が異なることはないのか、墓のあり方と集落のあり方はどのように対応しているのか、一つの集落構成員全員が一つの墓地に埋葬されるのか、異なる場所に埋葬されることはないのか、一つの墓地に複数の集落の構成員が埋葬されることはないのか、そもそも一つの集落構成員全員が埋葬されたのかなどといった、多岐にわたる一方で、非常に根本的な問題が未解決のままこれまで残されてきたのではなかろうか。現段階における見通しとして、縄文時代の場合、一つの集落が一つの墓地・墓域を持つのか、一対一で対応するのかどうかという点は、おそらく地域や時期、事例ごとなどケースバイケースで異なってくると思われるが、墓地・墓域構造を分析する際には、少なくとも上記の点に関して十分な注意を払っておく必要があるだろう。

縄文時代の死生観を考える

さて、このところ、縄文時代の人々の死生観について講演をする機会が増えた。その際に、必ずご参集いただいた方々に訊ねることがある。それは、「死後の世界はあると思うか？」ということと、「なんらかの形で生まれ変わりはあると思うか？」という、二つの質問である。

多くの場合、会場の三割から四割程度の方々が、あるという方に手を挙げる。思っていたよりもやや多い数の人々が、「死後の世界」や「生まれ変わり」について信じているようだ。面白かったのは、このような質問をすると、若い人の方がお年寄りよりも多く手を挙げることである。死後の世界とか、生まれ変わりといった話は若い世代の方が興味を持って聴いてくれるということだろうか。あるお年寄りに個別に伺ったところ、「ここまで生きてきて、そんな希望は今さらありません」と言われた。どうやら、この質問に対する答えには世代差があるのかもしれない。

また、大学の一般教養の授業や、集中講義などの機会を捉えて、受講した学生に対して同じ質問をしたが、やはり約三割程度が手を挙げた。一方で、某大学において医学部の非常勤講師をした際に、医学生に対してこのような質問をした時には、ほとんどの学生が手を挙げなかった。医学生の感覚が一般とは異なるというこのギャップには、少々意識的になっておきたい。それはともかくとして、一般の方一〇人中、約三人から四人が「死後の世界を信じる」、「生まれ変わりを信じる」という状況を、「くだらない」・「非科学的」・「迷信だ」などとして、一律にばっさり斬って捨ててしまってよいのだろうかと、私は思う。

本当に死後の世界が存在するか、生まれ変わりが存在するかは別として、このような状況がある場合、私が属する人文科学の世界では、「そのように思わせる何かが、私たちの心の中にある」と捉える。私の場合は、「それが一体何であるのか」、少々考古学的に考えてみたいという訳だ。

縄文時代の死生観については、これまでにも機会があるごとに述べてきたが（山田二〇〇八b、山田二〇一四など）、その後に新たな資料が出土し報告され、あるいは自身の考え方や論理を再検討したことによって、多少付加する部分、あるいは修正すべき部分が出てきた。ここで今一度、現段階における私の考えをまとめておきたいと思う。

さて、これもまた講演会の席などでよく訊かれることでもあるのだが、一口に「死生観」といっても、縄文時代のような大昔の死生観をどのようにして探ればよいのだろうか？　なにしろ文字も無い時代のことであるから、当時作られた様々な遺物や遺構から考える以外に手立てはない。しかし、縄文時代のお祭りの道具とされる土偶《どぐう》や石棒《せきぼう》をただ眺めていても、その道具が何かを勝手にしゃべり出してくれるわけではないので（そういう機械があったら、私など直ちに失職するだろう）、こちらから様々な質問を投げかけて、出土状況や使用された痕跡などを手がかりに分析し、想像してやる必要がある。一足飛びに「死生観」云々という前に、まずは縄文人たちがどのような「ものの考え方」をする人々だったのか、いくつかの遺構や遺物を取り上げながら考えてみよう。ちなみに、遺物とは、原則的に動産であり、手に持って運ぶことのできるものを言う。土器や石器などがこれにあたる。これとは反対に遺構とは、不動産であり簡単には動かすことのできないものを言う。住居や墓などは遺構に分類される。

男と女からなる世界観

ところで、縄文時代の遺物をずらっと並べて眺めてみると、意外に男性性や女性性を強調したものが多いことに気がつくだろう。

そのような遺物の代表例としては、たとえば石棒がある。石棒は、見たままそのものずばり、勃起した男性器をかたどった石製品である。大きいものは二メートルを超えるものから、小さいものは大きめのマッチ棒くらいのものまである。いずれも包皮は反転しているようで、あたかも男性の性的な力強さを象徴しているようである。特に、一メートルを超えるような大きさの石棒が大地にまっすぐに立てられている様は壮観だ。中でも長野県南佐久郡佐久穂町《さくほまち》にある北沢の大石棒は全長が二メートル二三センチもあり、現在は水田の脇に立てられている。その様は見事と言う他ない。

このような石棒は、縄文時代前期くらいから見られるようになり、縄文時代中期には大型化し、後期から晩期には粘板岩というきめの細かい石で作られた、文様の多い精巧なものも作られるようになる。興味深いのは、このような精巧な石棒の、亀頭に当たる部分にしばしば、摩滅痕《まめつこん》や敲《こう》打痕《だこん》が観察できることである。

以前、私は石棒に見ることができるこのような摩滅痕や敲打痕を、手でこすったり、先端を何かに突くように当てたりした証拠であり、儀礼的・擬似的な性行為を模したものであるとの見解を提出したことがある（山田一九九四ａ）。当時は、このような見解は「まゆつばもの」として、非常に好奇な目でみられ、同じ研究室の諸氏からは「まぁ、がんばってください」などと、冷やかし半分の励ましの声をいただいたものだ。しかしながら、その後批判されたことも多々あったが、次第に摩滅痕や敲打痕を持つ石棒の類例が増加してきており、最近では石棒を観察する際に注意すべき検討項目として取り上げられることも多くなってきた。縄文時代の人々が、石棒をただ手に持っていただけではなく、それを何かに擦りつけたり、突いたりし、それを擬似的な性行為として演出していたことは間違いないだろう。

また、石棒の多くは最後に火にくべられたのか、熱を受けて赤くなっており、また意図的に打ち壊されたようである。これについても私は以前に、拙著『生と死の考古学』の中で、以下のように述べたことがある。「石棒のなかには、亀頭部に意図的な摩擦や敲打を加えた痕跡が残っていたりするものがある。これなどは、儀礼のなかで擬似的な性行為を演出した証拠ととらえることも可能であろう。また、勃起したままでは擬似的な射精が行われたことにはならない。射精後には勃起状態は解除されなければならない。縄文時代の石棒の多くは意図的に破壊された痕跡をもつが、これは擬似的な射精、性行為を完了させる上で必要不可欠な行為だったのではないだろうか」(山田二〇〇八b)。

小型の石棒を用いた祭祀の中には、性行為時の男性器のあり方、すなわち「勃起→性行為→射精→その後の萎縮」という一連の状態を擬似的に再現する、「摩擦・敲打→被熱・破壊」という一種の動作が組み込まれていたと考えられる。ただし、熱が加えられた痕跡(石が焼けて赤くなる)をみると、石棒が割れたあとにもこのような状況が見られる場合もあるので、被熱と破壊の順番は必ずしもいつも同じではなかったようだ。もちろん、全ての石棒に対してこのような解釈があてはまる訳ではない。

このような擬似的な性行為を演出した道具は、石棒だけではなかった。ちょっと難しくなるかもしれないが、想像していただきたい。日常生活において、あるもの(A)を、あるもの(B)に対して突き刺したり、打ちつけたりする行為は、Aを男性、Bを女性と見立てた性行為を連想させる。落語などにおいて、男女の比喩表現として使われる「鍬と畑」といったスラングなどは、その最たる例であろう。縄文時代においても、たとえばドングリ類の加工・調理に用いられた磨石類《すりいしるい》と石皿《いしざら》の関係がそのように見立てられた可能性は高い。

このことを指ししめす縄文時代の呪術具の一つに、石冠《せっかん》がある。元々は、埴輪《はにわ》の頭部にある飾りとの類似から、古墳時代の埋葬用の儀器である冠《かんむり》とされたために、このように名付けられたとの説が有力である(田中一八九九)。愛知県保美《ほび》貝塚《かいづか》から発見された埋葬人骨の頭部附近からも石冠が出土したために、これが石器時代の冠であるとする説もある。しかしながら、石冠は、本来冠などではなく、その後の研究でドングリやトチの実などを叩いて砕いたり、すり潰したりする際に使用する敲石・磨石(以後、一括して磨石類)といった道具が元々の起源であるとされている（堀越一九七九、中島一九八三など）。この磨石類が、石皿とセットになってすり鉢とすりこぎの役目を果たす訳であるが、その使用時の動作にセクシャルな想像が込められたのか、磨石類にはやがて様々な装飾が施されるようになり、ついには石棒の頭部のような男性器の表現が付せられるなどして、石冠へと変化していった。一方で、石皿の方にも様々な文様が付けられるなどして、儀器化していったことがわかっている（鈴木一九九一、関根二〇一四など）。私も愛知県馬見塚《まみづか》遺跡を調査した際に、土坑の中から石皿と石冠へと変化する途中の磨石類と炭化したドングリを一括して掘り出したことがある（設楽編一九九五）。その時に「やはり石冠は、磨石類から変化していったものなんだな」としみじみ思ったものだ。

このような性としての男を強調する男性原理に対して、女性原理の象徴ともいうべきものがある。その代表例が土偶である。

土偶は、多くの場合妊娠した女性をかたどっている。妊産婦は、これから新しい生命を生み出す存在であり、土偶はその姿を写し取ったものである（水野一九七四）。国宝ともなった長野県棚畑《たなばたけ》遺跡出土の土偶は、おへそが下をむき、下腹部が大きく膨らむなどまさに臨月、出産直前の状態を表現しているし、山梨県鋳物師屋《いもじや》遺跡の土偶などは、大きく膨らんだお腹に手を当てて、まさに妊産婦の仕草を表現している。また、山梨県釈迦堂《しゃかどう》遺跡から出土した土偶には、股間に丸い突起が付されており、これなどは出産の光景そのものを写したものと考えられている。最古期の事例となる草創期の滋賀県相谷熊原《あいだにくまはら》遺跡の土偶は、顔の表現はないが豊満な胸と、これまた省略はされているがふっくらとした腹部が想像できるような表現がなされている。土偶は、その出現当初から女性の身体的特徴を捉えており、やはり女性性の象徴であったと考えてよいだろう。ただし、土偶が石棒と対をなしてセットで出土したという事例は乏しく、この二者はそれぞれ独立した祭祀体系を有していた可能性が高い。石棒がセットとなるのは、後述するように石皿や土器埋設遺構（埋甕）などが多い。これもまた、縄文文化の不思議なところだ。

また、女性器をダイレクトにそのまま石に写したものに、秋田県三升刈《さんじょうがり》遺跡から出土した石製品がある。これなどは、類例は少ないものの、同じ石を用いて男性性の象徴である石棒に、思想的に対したものであろう。

男性性と女性性、この二つが結合して、新たな生命が誕生する。このような「新生」に対する考え方を、縄文時代の人々が持っていたのは間違いなかろう。青森県大湊近川《おおみなとちかがわ》遺跡から出土した香炉《こうろ》形土器《がたどき》には、イノシシ（海獣？）が交尾している様をかたどった突起が施されている。北海道大麻《おおあさ》3遺跡から出土した土偶は、形状から男女一対のものと考えられており、この土偶が重ねられて、墓穴の中に埋葬されていた。重ねて置かれたというところが象徴的だ。埼玉県の馬場小《ばんばお》室山《むろやま》遺跡や新潟県井《い》の上《うえ》遺跡から出土した土器には性器を露わにした男性と女性の人形が土器の口を挟んでそれぞれ反対側に付けられている。さらに、先ほど紹介した石棒や石冠、土冠《どかん》の中には、男性と女性の象徴が結合し、男女交合の様を表現したと考えられるものも存在する（清野一九二五b、能登一九八一、春成一九九六など）。これらの遺物およびその出土状況は、男女の交わりによって新たな生命が誕生するというモチーフを端的に表していると言えるだろう。

また、國學院大學教授の谷口康浩《たにぐちやすひろ》は、大形の石棒と石皿の他、埋甕と石棒の組み合わせなど象徴的な生殖行為を表現したと考えられる事例を集成・分析し、葬送や住居の廃絶儀礼において模擬的・象徴的な生殖行為が演じられていたと考え、このような祭祀の象徴的存在である大形石棒が祖霊観念と結びついていたと考察している（谷口二〇〇六）。

谷口が述べるように、このような男性原理と女性原理の交合が祖霊観念と結びつくかどうかという議論は一旦置くとしても、縄文時代の人々の残した遺物そのものや出土状況には、男性原理と女性原理、そしてその交合が強く表現されている。これは、縄文時代の人々の持つ世界観が、男性と女性に大きく区別されていた、さらに一歩踏み込んで言えば、縄文人にとっては、世の中のものが大きく男と女に区別することができ、この二つが交わることによって新たな生命が誕生し、あるいは再生されると信じていたことを表している。それは、縄文人の世界観の中では、単に男性と女性が交わることによって、新たな生命が誕生するということだけにはとどまらなかった。男女の交わりから生まれる生命は、それが与えられることによって解決できると思われた全て、病気や怪我の快癒など人の命に対してだけではなく、あらゆる生命の復活・再生に対しても効果を発揮した。したがって、動物や木の実、魚、貝などといった自然の恵みに対しても、男女の交わりをモチーフとした祭祀を行うことによって、豊穣と再生産を促すことができると信じられていたのであろう。

実は、このような男女交合による新生・再生をモチーフとしたお祭りは、現在の民俗誌のなかにおいてもあちこちで見ることが出来る。たとえば、神奈川県の若宮八幡宮《わかみやはちまんぐう》・金山《かなやま》神社の「かなまら祭」や茨城県御船《みふね》神社の「苗束流し《なーばながし》」などは、その一例であろう。もっとも近年は参加者の悪のりが過ぎて、各地で自粛騒ぎすら起こってしまっているが。問題は、このような風習の根源が、はたして縄文時代にまで遡るのかという点にあるかと思われるが、重要なのは縄文時代にあった発想と同様のものが現代においても存在しているということである。人の考えというものは、たかだか数千年程度では変わらないと言うこともできるし、男女に関わる根本的な世界観であるからこそ、多発的であるとも言えるのかもしれない。

元国立歴史民俗博物館館長であり、「わかりやすい考古学」を説いた佐原真《さはらまこと》は、縄文人が性的結合によって生命が誕生したことを理解していたとは思えないと、かつて述べたことがあったが（佐原一九八七）、いやいやどうして、縄文人こそが性的結合によって、「新しい生命力」を得て、それを様々な問題を解決するための原動力として活用した人々であった。

このような男女の区別は、死後の世界を象徴する墓にも表されていることがある。たとえば、東北地方や関東地方における縄文時代の墓地の中には、宮城県田柄貝塚《たがらかいづか》や千葉県祇園原貝塚《ぎおんばらかいづか》の事例のように、男女の埋葬地点が異なっていた可能性の高いものがあることがわかっているし、静岡県の蜆塚貝塚《しじみづかかいづか》では男性が北から西に、女性が南から東の方向と、埋葬される際に頭の向きを変えていたことも判明している（山田二〇〇八a・二〇一〇aなどを参照のこと）。また、死者が着装していた装身具でも、シカの角で作られた腰飾りは男性、貝製の腕飾りは女性が着装する傾向が強い。

このように、縄文時代における男女の区別は、墓の位置や埋葬姿勢、副葬品の種類、装身具の着装の仕方にまで及んでおり、当然ながら縄文時代の人々の死生観にも反映されていたにちがいない。

ネガティブなイメージの墓と人骨

以前にも書いたことだが、自分が考古学者であり、墓を研究しているというと、一般の人からはかなり好奇な目でみられることが多い。そしてそのあとに来る質問は、大抵次のようなものである。「祟《たた》りとかってないんですか」と。

私自身は、発掘調査における祟りなどないと思っていた。これまで数多くの人骨を調査してきたが、それがもとの祟りで怪我をしたなどの不幸に見舞われたことがなかったからである。しかしながら、最近とある貝塚の発掘調査中、土坑墓内から見つかった埋葬人骨の肋骨を取り上げようとして体をひねったところ、調査のために敷いていた矢板がずれて自分の胸にぶつかり、なんと下から三番目の肋骨にヒビが入ってしまった。悶絶して土坑墓の横に倒れ込む私の脳裏には、ふと「まさか祟り?」という言葉がよぎった。考古学者も祟りで骨を折るらしい。しかし、その夜には胸を押さえながらも大好物のチキンカツ丼大盛りをほおばっていたのだから、あまりたいした祟りではなかったようだ。もちろん冗談なので、お祓いは不要である。

発掘調査において人骨が出土した場合、自身への祟り云々よりもむしろ注意を払っておきたいのは、人骨が出土した際に調査を手伝ってくださった方々や、周辺に居住する方々への心理的なケアである。考古学者は、人骨・獣骨を問わず遺跡から出土する骨に対しては、日常のこととして慣れてしまっているせいか、その扱いに対して無頓着な場合がある。しかしながら、一般の方の捉え方は様々であるので、特にヒトの埋葬例の場合には注意が必要である。

　たとえば、一部の考古学者の間には、以下のような話がまことしやかに伝わっている。事実かどうかは定かでない。とある大学の遺跡調査団が、海岸砂丘上にある墓地遺跡を調査したところ、幾多の埋葬人骨が発掘された。ちょうどその日、遺跡近くの港から出航した漁船が、夜半に嵐に巻き込まれて難破してしまった。その際、近隣の村の人々が遺跡調査団の宿舎に押し掛け、漁船が難破したのはここで墓を暴いたからだと言い立てたので、遺跡調査団は夜逃げさながら、ほうほうのていで遺跡を引き上げたそうだ。

　これなどは冷静に考えると、墓地遺跡の調査と漁船の難破には、何も因果関係はないはずだ。おそらく、村の人々は出土した人骨＝死・縁起の悪いものという連想をされ、さらには肉親・知人の突然の死という、行き場の無い悲しみを調査団へ向けたのであろう。しかしながら、むしろこのような感情のあり方は、読者の方々にもある意味共感できる部分があるのではないだろうか。

　人骨＝死という連想は、日本人だけではなく、中世ヨーロッパの絵画にも「死の舞踏」としてしばしば見ることができるものである。有名な海賊の旗にもあるように、人骨（髑髏《どくろ》）＝死という連想には、普遍的なものがあるのだろう。したがって、墓を調査する際には、まずネガティブに捉えられると思って対応を考えた方が良い。学術的な説明を十分に行うことはもちろんだが、場合によっては、清めの塩を供えたり、お神酒を撒いたりといった行為も排するべきではない。

　私自身、霊魂の存在についてはあったらいいなと思いながらも、その物理量としての存在には否定的である。しかし、遺骨に対して一定の敬意は絶対に必要だとも考えている。研究対象としては人骨だが、故人の人格・尊厳を認める場合には遺骨である。

このように書くと、なぜそのような思いまでして墓や人骨出土例を研究するのですかとたずねられるかもしれない。しかし、その問いに答えることは容易ではない。そのためには、何故考古学を研究するのかという点から始まる、実に長い説明が必要だ。

大学での授業中、全く興味がないのだが、一生懸命に話をしている教員に失礼にならないようにと「聴いているふり」をしている学生は、大抵目をじっと見開いてうなずきながらも、それでいて表情のこわばったやや悲しげな顔をしていることが多い。私がなぜ墓を研究するのか説明しだすと、おそらくかなりの読者の方が、同じような顔をされるにちがいない。だから、ここでは本当に手短に話をするが、先に述べたように、縄文時代の死生観は墓に投影されている可能性が高い。さらに、人骨が遺存していた場合には、被葬者の年齢や性別、栄養状態や既往症、何を主に食べていたか、女性の場合には出産歴の有無、時には出身地などの個人情報がわかることもある。このような個人情報と墓の構造や位置関係、副葬品などの埋葬属性をつき合わせて検討することができるならば、どうしてこのような埋葬方法（葬法）をとったのかがわかる場合もあり、墓制の研究を大幅に進めることができる。さらに、死因などが推定できるならば、しめたものだ。その死因のために呪術的に特殊な埋葬方法がとられていた場合などは、墓に死生観が特に強く反映されている可能性があるからだ。したがって、墓を調べることこそ、当時の死生観についてもっとも手っ取り早くアプローチできる方法だと思われるのである。墓を調べることによって、当時の人々が死をどう捉えていたのか、あの世をどう考えていたのか、それを知りたい。そして、それが私たちの精神文化にどのようにフィードバックできるか考えたい。まさしく死生観を知りたいがために、墓を検討するのである。

墓といえば

この墓に関しては、少々苦い思い出がある。今から一五年ほど前に世間を騒がせた「前・中期旧石器時代遺跡捏造問題」に関するものだ。

一九八七年の大学二年生の春、ゴールデンウィークの頃だったと思う。私は先輩たちに誘われて、宮城県の馬場壇《ばばだん》A遺跡の発掘調査に参加した。まだ考古学徒として右も左も判らない自分としては、とにかく早く発掘現場に出て調査経験を積みたかった。

当時は、今から考えるとまさしく「都市伝説」としか思えないような話が、考古学徒の間（少なくとも私の大学では）には流布していた。たとえば、M大学には中庭に考古学研究室専用の砂山があり、M大学の学生は、休み時間になると、みんなでエンピ投げ（エンピという大型スコップの使い方の一種で、すくった土の形を崩さないように、遠くに投げる技）の特訓をしているだとか、K学院大学の学生は一年生であるにもかかわらず、一人で遺構や遺物の実測をすることができるように特訓されているとかいった、いわば発掘調査において必要とされた「技術」に関するものが多かった。発掘調査に参加する機会が少ない国立大学の学生としては、そのような噂を聞くたびに、一年生から専攻に進むことのできる私立大学の学生をうらやましく思ったものである。実際には、とんだ笑い話であった訳だが。

とにかく、これらの技術は、調査現場において経験的に習得されるものであるので、私は早く現場に出たかった。馬場壇A遺跡の調査は、一週間程度の参加期間ではあったが、渡りに舟であった。

当時の考古学の発掘調査は、とにかく夜の宴会がつきものであった。ただし、これは毎晩馬鹿騒ぎをしていたということではなく、諸先生・先輩方から様々な話、それが現在の研究内容であったり、著名な○○先生の思い出話であったり、を聞く、誠に有意義な勉強の時間でもあった。さらには、夜の調査のミーティング時には、勉強会と称して様々な先生たちのミニ講演会が開かれた。ここで、馬場壇A遺跡における土層の堆積状況や、インボリューション（氷河周辺作用：考古学的観点からざっくり言うと、氷河の影響によって地層の堆積が乱れること）やクリオタベーション（凍結擾乱作用《とうけつじょうらんさよう》：考古学的観点からざっくり言うと、地中の水分が凍ったり溶けたりすることによって、土中に埋まっていた石器の位置がだんだんずれていくこと）による石器の移動の問題、熱残留磁気による炉址《ろあと》の推定方法（たき火をした場合、その場所の地磁気が乱れるので、その乱れを探すことによって火の焚かれた場所を探す方法）などを聞いた覚えがある。今から見れば、その結果はともかくとして、学問を志す若者達の熱気や活気に溢れ、夢を語り合った楽しい現場であったことは間違いない。

調査に参加して数日が過ぎた頃、夜のミーティングで明日ＮＨＫの取材があるということを東北歴史資料館のＹさんから知らされた。ＮＨＫも注目する調査を行っているんだと思うと、若気の至りであるが、気分が高揚したことは否めない。翌日、NHKがテレビカメラ、リポーター付きで取材に来たが、私はカメラからはほど遠い地区で、手ガリ（小形の草取り用の鎌）を用いて土の表面を削っていた。「こっちは映んないよね」と、苦笑いしながら学生仲間で話していた記憶がある。Yさんがレポーターのインタビューに答えていたときに、カメラの方で突然「あった！」という声がした。他の大学から参加していた学生が「石器」を掘り当てたのだ。すかさずYさんが「触らないで‼」と声をかける。これは、石器に付着している脂肪酸の分析を行うためである。カメラが「石器」を掘り当てた学生の手元を撮る。テレビのクルーや、調査に参加していた他の学生達が土の表面から半分ほど出た「石器」を見つめて、周辺を取り巻く。わたしは、遠巻きにそれを見ていた。

当時不思議だなぁと思ったのは、私が参加した期間の内、石器が出土したのはその日、その時間だけのピンポイントであったということである。参加期間が短かったせいもあるのかも知れないが、当時は「やはり当たる人はいるもんだなぁ」としか思わず、当然ながら深く考えることもしなかった。

私が前期旧石器時代遺跡に対して完全なる疑いの目を向けたのは、埼玉県「長尾根《ながおね》遺跡」において、前期旧石器時代の墓が見つかったと報道された時であった。石器に関しては正直素人に毛が生えた程度のものだが、墓となったら話は違う。墓を作り、これを営むという行為は、基本的にはホモ・サピエンスにのみ見られるものである。ホモ・ネアンデルターレンシス（ネアンデルタール人）においても墓とおぼしき遺構は確認されているが、明確に土壙を掘削し、埋葬行為を伴ったと考えられる事例は皆無に等しい。以前、花を手向けられた旧人（first flower people）として有名になったイラク・シャニダール洞窟の事例さえも、現在では批判的な意見が多い（ストリンガー他一九九七）。本格的に墓を作り、そしてそれを営むという行為は、やはりホモ・サピエンスになってから登場したと考えて、まず間違いないであろう。

しかしながら、「長尾根遺跡」の事例はその上限を遥かに遡り、三五万年前のものであり、なおかつ石器が副葬されていたというのであった。ちょうどこのころには、前期旧石器をめぐる様々な「噂」が、私の耳にも入っていた。それも踏まえて「この事例は世界の人類学・考古学的知見とは大きく乖離している。おかしいなぁ」と思っていた矢先、捏造スクープが明らかにされたのである。

事件発覚当日、私は東京大学で開催されていた日本人類学会に参加していた。人類学者の先生方がなぜかよそよそしい感じがしたが（おそらく、すでに多くの方々はご存じだったのだろう）、私は余り気にもせず、ある方の研究発表に対して「もっと考古学的な出土状況を検討された方がよい」などとコメントしていた。ところが、それをしっかりと考える必要があったのは、実は考古学者の方であった。今から思えば、とんだピエロを演じていたものだ。大変苦い思い出である。この苦さ、恥ずかしさ、反省の念は、二〇一五年三月から五月まで歴博にて開催された『大ニセモノ博覧会――贋造と模倣の文化史』という企画展の中の、「前・中期石器時代遺跡捏造問題」のコーナーに反映させた（村木他編二〇一五）が、まさに汗顔のいたりである。これらの点について思うところは多々あるが、それについては引退直前までとっておきたい。

さて、縄文人の「死生観」はいかに

縄文人の死生観を語る際によく引き合いに出されるのが、埋葬姿勢の「屈葬《くっそう》」である。縄文時代の人々には、埋葬を行う際に手足を窮屈《きゅうくつ》に折り曲げて、墓穴の中に遺体を入れる「屈葬」という風習があった。これは死者の霊が再びよみがえってこないようにしたものであると、歴史教科書（たとえば、山川出版社『詳説日本史B』二〇一三年版）などでも説明されてきた。

この解釈に対しては、しばしば別の解釈が提出されてきた。その中の一つが、墓穴を掘る労力を節約したものだとする説だ。体を伸ばしたまま埋めるよりも、手足を曲げて小さくした方が墓穴を掘る時間が短くてすむという仮説であり、何事も効率化を押し進めようとする現代においては、大変理解しやすいものである。

しかしながら、日本全国における人骨出土例の埋葬姿勢を検討してみると、手足を窮屈に折り曲げた、明確な「屈葬」例は意外に少なく、むしろ肘関節を伸ばしたり、腰や膝関節をゆるく曲げたりしただけの、いってみればだらしない姿勢で埋葬された事例の方が圧倒的に多いことがわかっている（山田二〇〇一c）。逆に、膝さえ曲げられていれば、屈葬であるとこれまでの研究者たちは判断してきた訳で、このようなでろんとした状況では、死者の霊が迷い出るのを防ぐことなど出来はしないだろう。また、手足を伸ばした伸展葬《しんてんそう》例の事例でもきちんと墓穴が掘られているものも多い。中にはわざわざ大きな平石を組み合わせて埋葬施設を作っている事例もあるし、何十個という重い川原石を積み上げて墓標としている事例もある。縄文時代の人々の感性が、必ずしも省力化・効率化の方向へとは進んでいかないということは、非常に手間ひまかかる様々な造作をみればよくわかる。一生懸命にヒスイを磨いて、立派な大珠《たいしゅ》を作ったり、精巧な装飾を持つ骨角製品《こっかくせいひん》を製作する手間ひまを考えれば、直径たかだか一メートルちょっとの墓穴一つ掘るくらい訳ないだろう。

丁寧にデータを集成し、それを分析してみると、縄文時代の人々が屈葬を行った理由として、死霊が迷い出るのを防ぐなどという見解や、労力の省略のためという見解は、一部の手足の屈曲の強い屈葬例にはその可能性が残りはするものの、多くの場合には、まず当てはまらないということがわかる。さらに分析を進めると、縄文人の埋葬姿勢には時期差・地域差が存在し、一見だらしない埋葬姿勢と見えるものであっても、実はそうでなく、一定の埋葬の仕方（葬法）に則ったものであるということもわかった（山田二〇〇一c、図24）。

また、そもそも縄文時代の人々は死んだ人の霊を恐れたのか、という問題も残される。私自身はこれまで縄文時代の墓制の研究を続けてきて、縄文時代の人々はさほど死んだ人の霊を恐れていなかったと考えている。その証拠の一つが、墓地の場所である。通常、縄文時代の墓地は集落の一角、関東地方における中期の環状集落などでは、中心部にある「広場」の部分が墓地になっていたりする。このような場所は日常的に目に入る場所であるから、ことさらに死者を避けた場所にあるとは言えないだろう。また、後述するが、縄文時代には「再生・循環」を基本とした円環的な死生観が存在していたことも、よほどのことがない限り、死者をみだりに恐れなかったという裏付けになるのではなかろうか。ただし、異常死した場合などは、この限りではないかもしれない。

　ここで、私がこれまでにも幾度となく述べてきた縄文時代の死生観について、もう一度記しておこう。

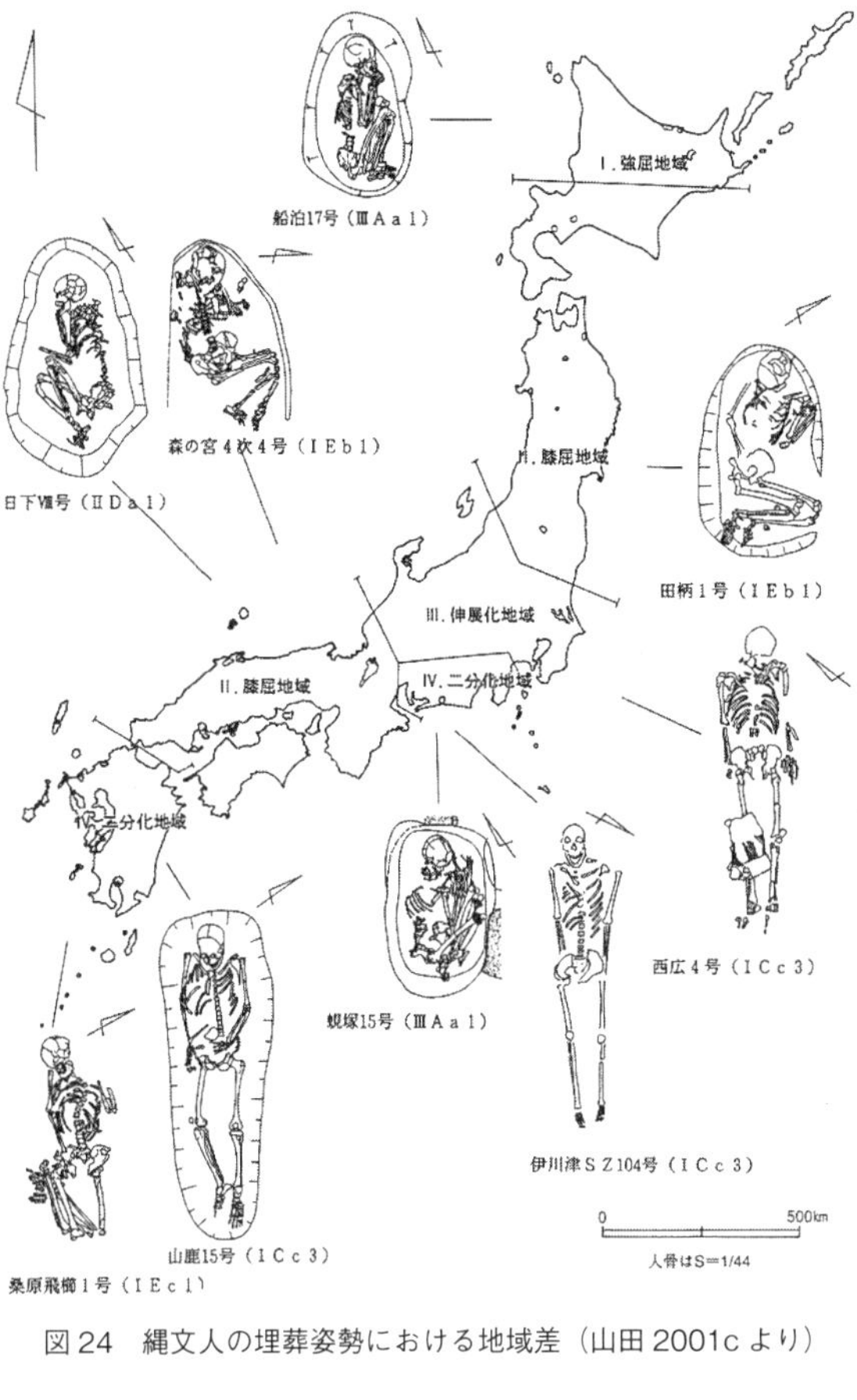

図24　縄文人の埋葬姿勢における地域差（山田 2001c より）

死に対する基本的な考え方——円環的死生観

縄文時代に存在したと考えられる死生観の一つは、再生・循環の死生観である。この死生観はアイヌなどにみることのできる「もの送り」の思想ともリンクするものである。この世のものはすべて、あの世とこの世を循環すると考える「もの送り」の思想は、縄文時代における根本的な死生観であった。これは生命・霊が大きく円環状に回帰・循環するという意味から、「円環的死《えんかんてきし》生観《せいかん》」と呼ぶこともできるだろう。

そのことを最も象徴的に表現しているのが、土器棺墓《どきかんぼ》や土器埋設遺構《どきまいせついこう》である。縄文時代の遺跡を調査すると、完形もしくはそれに近い形の土器が意図的に地面に埋められているという遺構に出会うことがある。これを、土器埋設遺構と呼ぶ。埋甕《うめがめ》と呼ばれることもあるが、研究史的にみて、埋甕は住居の出入口部に埋設されたものに限定した方が適切なので、土器が埋められた遺構のことを土器埋設遺構、埋設された土器そのものを埋設土器と、私は呼んでいる。このように定義すれば、子供の遺体などを土器の中に入れて埋めた土器棺墓などは、土器埋設遺構の一種類ということになる。この土器埋設遺構（土器棺墓）こそが、縄文時代における円環的死生観を具現化したものなのである（山田二〇〇七）。

実は、土器の中に子供の遺体を入れて埋葬を行うという習俗は、東アジアを中心として広く世界中に存在する。土器内に子供を埋葬する理由としては、土器を女性の身体（母胎）になぞらえるという点で一致しており、これは宗教学的研究成果によって母胎中に子供を戻して、もう一度生まれてくるように祈願する、「回帰・再生・循環」の思想に基づいていることが明らかとされている（エリアーデ一九七一）。

縄文時代の人々が、土器を母胎の象徴として捉えていたことを推測できる資料もいくつか存在する（山田一九九四b・一九九七）。たとえば、長野県月見松《つきみまつ》遺跡や山梨県津金御所前《つがねごしょまえ》遺跡から出土したいわゆる「出産文土器」や、長野県唐渡宮《とうどのみや》遺跡出土の絵画土器などの事例は、出産時の光景を写したと思われるものであり、土器がまさに子供を生み出す母胎でもあることを示している。また、長野県尖石《とがりいし》遺跡出土例のように、生命を生み出す妊産婦の象徴であると考えられる土偶が土器を抱えている事例も少なくない。このような事例からは、生命を生み出す女性と土器が精神的な面で強いつながりを有しており、土器が母胎の象徴として存在していたことを推察できるだろう。当然ながら、縄文時代における土器棺墓葬の理由も、これに類似するものと想定される。これらの点を勘案すると、縄文時代の基本的な死生観として、「回帰・再生・循環」という思想があったと判断できるだろう。

話は少々逸れるかもしれないが、これらの埋設土器の多くは、底部や底部付近の側面部に加撃等によって意図的に孔が開けられていたり、底部そのものが除去されていたりする。「土器（かわらけ）を割る」という言葉は、性交を意味する古いスラングでもあり、まさかこのような言葉が縄文時代にまで遡るとは思えないが、想像をたくましくすれば、土器底部への穿孔《せんこう》なども、ひょっとしたら擬似的な生殖行為を行った痕跡なのかもしれない（山田二〇〇八bなど）。

土器埋設遺構の中に埋納されたのは、人の子供だけではなかった。埋設土器の中にはイノシシ・シカ・イヌといった人以外の動物の他に、木の実・黒曜石・石斧などさまざまなものが入れられ、埋納されていたこともわかっている。少し考えてみれば理解できるように、これらの動植物や品々は、自然の恵みを生きる糧とする縄文時代の人々にとって、「自分たちが生きていく上で、より多くあってほしいもの」であった。「より多くあってほしい」という強い思いは、やがて「豊かな恵みをたくさん採ることができるように」という祈りとなり、そのための祭祀を行うという形へと変化していく。

土器棺墓が、母胎回帰という観点から「再生」を祈る施設でもあったのであれば、当然ながら人に対して祈願された「回帰・再生・循環」という考え方は、「より多くあってほしいもの」に対しても応用されたことであろう。再生を願われたのは、なにも人の生命ばかりではなかった。このことは、縄文時代を通じて当時の人々が「回帰・再生・循環」という死生観を広く共有していたことを物語るものである。

そのような思想を基盤とした場合、当時の人々にとって新しい生命を生み出す「出産」とは、「回帰・再生・循環」の世界観を具体的に体感できる、きわめて象徴的な事象であっただろう。実は、以前にも述べたように、出産時の事故等で亡くなった女性は、すべて特殊な埋葬方法で葬られている（山田一九九四b・二〇〇八a・二〇一四）。妊娠・出産時に母親が死亡するという「事故」は、単に労働力が削減されるといった物理的損失だけにとどまらず、縄文人の基本的思想の根本をなす「回帰・再生・循環」の環が絶たれるという、精神的にも非常に危機的な出来事であった。妊産婦が特殊な方法によって埋葬されているということは、呪術的な対応策を講じることによって、この思想的危機を乗り越えようとしたのに他ならない。

ここで論じているような「円環的死生観」は、決して縄文時代になってから発生したようなものではなく、おそらくはより古い時期から人類が持っていたもので、少なくとも後期旧石器時代にまでは遡ると思われる。たとえば、沖縄県の港川の採石場で発見された港川人《みなとがわじん》は、大きなフィッシャー（割れ目）の中から出土しているが、これは縦に裂けたフィッシャー内に意図的に入れられていた可能性も否定はできないだろう。洞窟内を母胎内とする思考は世界各地にみることができ（エリアーデ一九七一）、ホモ・サピエンスである港川人が母胎内から再生するという死生観を持っていたことも十分に考えられる。

このような土器棺墓のあり方とは別に、北海道大学教授の小杉康《こすぎやすし》は、縄文時代前期の諸磯《もろいそ》式期にみられる木葉文浅鉢形土器《このはもんあさばちがたどき》という特殊な文様が施された特殊な形状をした土器を儀礼的な交換に用いられたものと推定し、そこに回帰・循環の象徴性を見いだすと共に、木葉文浅鉢形土器の副葬例から「回帰・循環的な死生観」の存在を推定している（小杉一九九七・二〇〇三）。また、民族学の大家であった大林太良《おおばやしたりょう》によれば、骨を再生のシンボルとみなす民族誌は多いとされる（大林一九九二）。合葬《がっそう》・複葬《ふくそう》例が、そのような再生を促すものとして利用された可能性も考慮しておきたい。

もう一つの考え方――系譜的死生観

縄文時代の墓には、いったんは個々の墓に埋葬した遺体を掘り起こして、何十体もの遺体を一カ所の墓に再び埋葬し直したものが存在する。このような事例を考古学的には多数合葬・複葬例と呼ぶ。多人数を一カ所に合葬して、なおかつ埋葬回数が複数回に及ぶ事例、という意味である。この種の墓には乳児期以下の子供は一切葬られていない。このことは乳児期と幼児期では遺体の取り扱い方、ひいては生前の社会的位置付けが異なっていたことを意味する。

子供の埋葬例を集成してみると、幼児期以降の子供たちは葬法上、基本的には大人とほとんど区別されていない。これは、幼児期以降の子供たちが特別に扱われることなく大人と同じく集落・集団の構成員として認知されていたことを示すものである。したがって、多数合葬・複葬という埋葬方法（葬法）は、もともと住んでいた集落において、その集落の集団構成員と認知されていた者が対象となった葬法であったと理解できるだろう。

さて、少し話は脇にそれるが、私は、故人においてその個人的記憶、たとえばどのような容姿をしていたか、どのような声で話したか、日常においてどのようなことをしたかといった、いわば一個人そのものの思い出にあたるものをパーソナルメモリー（personal memory：個人的な個性の記憶）という概念で把握し、個人の社会的な役割とそれに基づく行動によって構成される記憶のことをソーシャルペルソナ（social persona：社会的仮面の意味、個ではなく社会人としての記憶）という概念で把握するようにしている。もともとは欧米における社会学用語であるので、なかなか日本語に変換してもしっくりとはこないところがある。しかし、以下の記述でカタカナを連記すると文面が煩わしくなるので、パーソナルメモリーをあえて「個人的記憶」、ソーシャルペルソナを「社会的記憶」と呼び変えて記述することにしよう。墓の上部構造など、埋葬後にも他の人が見ることのできるようなもの（可視属性と言う）は、多くの場合この「社会的記憶」を反映した可能性が高い。さらに私は、故人の霊に対し個々の「個人的記憶」や「社会的記憶」を消失してしまい、集団化したものを祖霊と呼ぶことにしている。この場合、通常故人の霊は、年月の経過とともにやがて祖霊化していくことになる。

日本の民俗誌を見る限り、「個人的記憶」や「社会的記憶」といった記憶が消失するのは、大体三世代、一〇〇年を超えたころであると推定されるので（池上一九八七、スミス一九八三、オームス一九八七）、祖霊化するのは被葬者の死後三世代、およそ一〇〇年を経過したあたりにあるようだ。民俗学者の櫻井徳太郎《さくらいとくたろう》はこれを、直接経験的具象的祖先観として概念化している（櫻井一九八九）。縄文時代の場合においてもおそらくは同様だと思われる。しかしながら、英雄譚などを持つ故人の場合は、後世までその物語は継承されるので、その限りではないだろうし、妊産婦の埋葬例など、異常な死を迎えた者については祖霊化できたかどうかという点については別に検討が必要であろう。

話を戻そう。多数合葬・複葬例である茨城県中妻《なかづま》貝塚出土例の場合、九六体にものぼる人骨の頭蓋《とうがい》のｍｔＤＮＡや歯冠《しかん》計測値による分析、頭蓋形態小変異《とうがいけいたいしょうへんい》などの分析から、血縁関係を示唆される個体が多く含まれていることが指摘されているものの（松村・西本一九九六、篠田他一九九八）、土壙内の人骨（頭蓋）は、このような血縁関係に留意して埋葬されてはいなかったことがわかっている。むしろ、わざとバラバラの位置に置かれた可能性すら存在し、このことは「個人的記憶」や「社会的記憶」を考慮することなく、一括して人骨が埋葬されたことを意味している。

また、一方でこのような多数合葬・複葬例は人類学的な分析や考古学的検討によって、いくつかの別々の家系が一括して同じ墓に埋葬されたものであることも判明している。通常、縄文時代の一般的な墓地内にはいくつかの区画（墓群・埋葬小群）が存在し、その墓群はおおよそ一つの家族が埋葬された場所と対応することがわかっている（山田二〇〇八ａ）。このことを勘案すると、多数合葬・複葬例は、家族を中心として埋葬を行うという縄文時代における伝統的な墓制からは外れた、特殊な葬法であったと捉えることができるだろう。

さらに、関東地方において多数合葬・複葬例が行われたのは、縄文時代後期初頭の時期にほぼ限定されることもわかっている。ちょうどこの頃は、それまでの大型集落が気候変動などにより一度分解し、少人数ごとに散らばって小規模な集落を営んだ後、再度人々が新規に結合し大型の集落が形成されるようになる時期にあたっている。これらの点から、私は多数合葬・複葬例を「集落が新規に開設される際に、伝統的な血縁関係者同士の墓をいったん棄却し、異なる血縁の人々と同じ墓に再埋葬することによって、生前の関係性を撤廃し新規に関係性を再構築するものであり、集団構造を直接的な血縁関係に基づくものから地縁的な関係性に基づくものへと再構成させる行為であった」と理解している（山田二〇〇八ｂ）。集落の新規統合が行われた時に、集団統合の儀礼、その象徴のモニュメントとして多数合葬・複葬が行われたのであろう。

多数の死者を祀ったモニュメントにおける集団的祭祀行為・葬送儀礼は、現在の盂蘭盆会《うらぼんえ》（お盆）などの集まりを見てもわかるように、酒肴の席などを通じながら親類同士の確認、親戚付き合いをより一層密にするなどといった感じで、帰属集団内の紐帯を強化したはずである。そして、それは集団統合の象徴として会葬者個々の直接的な父母や祖父母、曾祖父母を祀ることから、次第に会葬者自身が覚えている三世代程度までの「個人的記憶」を超えて、さらに古い共通の先祖の祀りへ、やがては祖霊崇拝へと連動していったことであろう。

上記のような祖霊崇拝が成立するためには、自分たちが一族や家系などの系譜において、どのような位置にいるのかを知る必要がある。このことは、自己の歴史的俯瞰を行い、時間的変遷の中に自分自身を位置付ける行為でもある。縄文時代の後半期には、このような形で、系譜的な結びつきを重要視する祖霊崇拝という新たな思想が成立していたのである。

系譜的観点を重視するような祖霊崇拝を行うためには、それに見合った規模の施設が必要であっただろう。谷口康浩が述べるように、このような祖霊崇拝の象徴的拠り所として大形の石棒が、祖霊崇拝を行う祭りの場として、大形の石棒が立てられた配石遺構が用いられモニュメントを構成した可能性は高い。山梨県の金生《きんせい》遺跡や群馬県の天神原《てんじんばら》遺跡などの石棒を伴う配石遺構はその類例であろう。秋田県の万座《まんざ》・野中堂《のなかどう》環状列石なども、そうかもしれない。環状列石内や日時計状遺構内における立石は、石棒と同じ意味を持っていたのかもしれない。このような自身の歴史的立ち位置を時間軸に対して直線的に理解するという死生観（系譜《けいふ》的死《てきし》生観《せいかん》）は、先の「回帰・再生・循環」の死生観とは、大きく異なるものであった。

系譜的な死生観についても、多数合葬・複葬例や大規模記念物のあり方、埋葬遺構の重複・累積などから、すでに多くの検討が行われている（阿部二〇〇四、石川二〇一〇、小杉一九九五、設楽二〇〇八、山田一九九五など）。私自身も、円環的死生観とは別のものとして系譜的死生観について議論を行ったことがあったが、現在ではそれを円環的死生観の一部をなすものとも考えている（山田二〇一三）。大きな円環のごく一部を、ミクロに取り出せば、それは一つの直線として表現することができる。数学における微分の考え方と同じだ。その意味では系譜的死生観は、円環的死生観に対して直線的死生観と呼ぶことができるかもしれない。

この系譜的死生観の特徴は、自己の存在を、過去には自分の親、更にその親、未来には子供、孫といった形で歴史的な系譜のなかに直線的に位置づけることにあり、いわば過去・現在・未来にわたって生命をリレー式につないで行くという死生観である。したがって、往々にしていわゆる祖霊といった概念とリンクし、その概念および死生観の確認行為は祖霊崇拝・祖霊祭祀といった形で発現することが多く、縄文時代の場合もその例外ではないと思われる。当然ながら、そのような系譜的な死生観を有する社会は、集団・個々人ともに系譜的関係を重視するものであり、それが社会構造の根幹をなしたことであろうし、その逆もまた是なりであろう。縄文時代において、血縁関係や遺伝的関係が重要視されていたことはこれまでにも繰り返し指摘してきたが、これとて系譜的関係の一種であることは言うまでもない。

先にも述べたように、私は中妻貝塚などにみることができる多数合葬・複葬例を集落の開設時などにおいて新たな関係性を構築したり、新規統合・旧来存続問わず集団の内部における結束・紐帯を強化するために「単独に埋葬されていた遺体の個性を消失させ、生前の血縁関係や系譜的関係、集団関係を撤廃する」（山田一九九五）ものと捉えており、そこでは埋葬行為を通じて系譜的関係・集団的関係の再構成が行われたものと考えている。しかしながら、そのような再構成自体は系譜的死生観そのものを大きく変容させるものではなく、むしろ必要とされた現実を系譜的死生観に整合させるために、多数合葬が行われ、それによって系譜的関係の再構成が行われたと考えるべきであろう。このような多数合葬例は、後期の関東地方南部だけに特徴的に発生したものではないようだ。たとえば、広島県帝釈《たいしゃく》寄倉《よせくら》岩陰《いわかげ》遺跡の事例（後期）や、福島県三貫地《さんがんち》貝《かい》塚《づか》の事例（晩期）などにみることができ、ある程度広い範囲において普遍的な葬法であったと思われる。

　後期前葉の時期から、このような系譜的関係性の再構成および系譜的死生観の応用が次第に目立つようになるが、それ以降にも従来のように「個人的記憶」や「社会的記憶」の存続に配慮した例は存在する。たとえば、縄文時代後期における長野県保地《ほじ》遺跡の1・2・6号墓址の場合では、特定の場所に合葬・単葬→合葬・複葬→合葬・複葬と少なくとも三回の埋葬行為が繰り返されており（塩入他編二〇〇二、石川二〇一〇）、そこでは遺構の累積関係、被葬者の選択が重要視されたものと推察される。この場合、最初に埋葬された人物の「個人的記憶」や「社会的記憶」が明確に残されていたからこそ、その上にいわば追葬としての合葬・複葬が繰り返し行われ、その都度系譜的関係が確認されたものと考えることができよう。

　また、京都府伊賀寺《いがじ》遺跡の場合は、少々状況が複雑である（岩松二〇〇九）。ＳＫ26とよばれる墓からは複葬された人骨が出土しているが、これは複数の人骨が他所で焼かれて一緒に埋葬されたと考えられるものの、焼人骨は一体分ずつがまとめられて墓内に置かれていたらしい。火葬という遺体を徹底的に破壊する行為が行われたのにもかかわらず、各人骨の個別性は確保されたことになる。この場合、各遺体の「個人的記憶」や「社会的記憶」は維持されていたものと判断できるだろう。合葬することによって、死者の集団化を図った一方で、死者たちの個性もまた尊重された状況、いわば人格を消失した祖霊化の一歩手前の祭祀行為として理解することができよう。

これとは逆に、同じ伊賀寺遺跡のSK03という墓の場合、SK26と同様に人骨が他所で焼かれて墓内に埋葬されたのだが、この場合は人骨が全て一括されており、各遺体の「個人的記憶」や「社会的記憶」については消失し、逆に一体化が図られたものと思われる。

SK03のような事例は、たとえば新潟県寺地《てらじ》遺跡の配石遺構・炉状配石における焼人骨のあり方や群馬県深沢《ふかさわ》遺跡の配石遺構における人骨のあり方とも類似し（寺村他編一九八七など）、死者の「個人的記憶」や「社会的記憶」を消失させる、祖霊化のための埋葬・祭祀行為と位置づけることができるかもしれない（設楽二〇〇八）。このように「個人的記憶」・「社会的記憶」を考慮せず、一緒くたにして扱う状況は、先に述べた中妻貝塚などの多数合葬・複葬例の場合と類似している。

このように見ていくと、縄文時代における系譜的関係の維持には、二つのあり方が存在したことがわかるだろう。一つめは、死者の「個人的記憶」や「社会的記憶」を代々にわたって維持し続けようとするあり方である。この場合、時間がたつにつれて、やがてはその個々人への記憶が薄れていき祖霊化していくことになる。実際の場面では、単独・単葬例を主体とした墓一つ一つ、墓の集合である埋葬小群、そして墓地全体の一定期間以上の維持・管理が主体となる。二つめは、現在生きている人々の現実的な都合によって、その系譜的関係の継承を意図的に断絶・変更する、あるいは複数の系譜的関係を統合させて新しい系譜的関係を構築するあり方である。そのために、故人の人骨を集積・一括し、新規にシンボル化・モニュメント化することがあった。系譜的関係が新規に統合・再構成されることになっても、系譜的な死生観は維持・存続されていく。

このような系譜的な関係性の維持や確認、再構成は、なにも既存現生の集団間・内のみで行われたものではない。かながわ考古学財団の阿部友寿《あべゆうじ》は、配石墓・配石遺構の下部構造と上部構造の間に時間差を読み取り、下部構造の造営者集団と上部構造の造営者集団は異なっていた（阿部は断絶と表現する）と推定し、それを「遺構更新」という概念で把握している（阿部二〇〇三・二〇〇四）。そして阿部は、そこから過去の墓（死者）の利用・同化を説明し、その背景として当時の「祖先観」のあり方に注目するという、極めて重要な指摘を行っている。

阿部が指摘する「遺構更新」について、私はこれを過去における別集団の系譜的関係に、自己の集団の系譜的関係を接合する、ないしは自己の系譜的関係に過去の別集団の系譜的関係を取り込む作業であり、こうすることによって、自分たちの祖霊と別の集団の祖霊を接合し、その地における存在の正統性、その地を優先的に利用する正統性を主張したものと考えている。

ここで私の考えを簡単にまとめておこう。

・縄文時代の後半期になると、多数の遺体を一括して埋葬する、あるいは遺構を累積させる、墓域内において特別な場所を占めるなどし、墓を集団のモニュメントとするような状況が顕著となってくる。

・集団関係の新規作成や集団統合・紐帯強化のための一つの手段として、人骨および墓の利用が行われるようになり、墓がその新しい集団のシンボル・モニュメントとなるような状況が創出された。

・その背景には、系譜的な死生観の応用（系譜関係の切断・統合）が存在する。

・シンボル化した墓（遺構）を祀ることによって、さらなる集団関係が再生産されていくとともに、何故に自分たちがそこに存在し、各種資源を優先的に使用するのかという正統性を表示・再確認することになる。

・そこに祖霊祭祀・祖霊崇拝の存在および意義を読み取ることが可能である。

このような事例は、縄文時代だけにとどまらず、たとえば弥生時代の事例などにも確認することが出来る（設楽二〇〇八、石川二〇一〇）。

山陰地方には布団を掛けたこたつを上から見たような形の、四隅突出型墳丘墓《よすみとっしゅつがたふんきゅうぼ》というものがある。この墳丘墓は主に弥生時代後期のものだが、島根県友田《ともだ》遺跡などの事例のように弥生時代前期の墓地に極めて近接させる、あるいはその墓地をわざと一部覆うようにして墳丘墓が構築される場合がある。島根県中野《なかの》美保《みほ》遺跡の場合は、もっと顕著であり、大型の墳丘墓を発掘調査したところ、中からもう一つ中期の方形貼石墓《ほうけいはりいしぼ》が出てきたことがあった。これなどは先にあった小型の墳丘墓の上に、わざと大型の墳丘墓を被《かぶ》せて築いたことがわかる。

先行する人々の墓の上に、自分たちの墓を乗せる。このことは、他者としての先人の存在を否定する一方で、彼らを自らの系譜の内に接合し、取り込むという相反した二つの意味が込められていると言えよう。しかし、考えてみれば、現代でもこのようなことは頻繁に行われている。たとえば、新興の和菓子屋が、江戸時代からの伝統のある和菓子屋を買収・合併し、「創業元禄〇〇年」とCMを打つようなものだ。そもそもの発想は、昔も今も変わらないのである。

人骨の一部を合葬する風習——部分骨合葬

以上のように、縄文時代には大きく分けて二つの種類の死生観が同時に存在していたと言える。しかしながら、最近の研究では、多数合葬・複葬例や大型の配石遺構ほど大がかりなものではないものの、やはり埋葬が行われる都度、系譜的な関係を再確認していくような葬法の存在が明らかとなってきた。以下において、少々細かい検討になるがこのような葬法についても触れておくことにしたい。

縄文時代の人骨出土例を調査していると、単独・単葬例だと思われていた事例のなかに、別個体の人骨が一部混在している事例に遭遇することがある。ほとんどの場合、他の散乱人骨が混在したものとして処理されてしまい、報告書に記載すらされないことも多いが、なかには頭蓋《とうがい》や四《し》肢骨《しこつ》など、比較的大型の骨もあり、当時の人々がまったく無意識のうちに、同一の墓穴（土壙）に入れてしまったとは考えにくい事例も存在する。現在、私のもとには二五〇〇体ほどの人骨出土例のデータが存在するが、そのような事例を改めて集成したところ、岡山県船倉貝塚《ふなくらかいづか》・千葉県下太田《しもおおた》貝塚《かいづか》・同貝《かい》の花貝塚《はなかいづか》・同古作貝塚《こさくかいづか》・長野県北村《きたむら》遺跡・宮城県田柄貝塚《たがらかいづか》・福岡県山鹿《やまが》貝塚《かいづか》・愛知県吉胡《よしご》貝塚《かいづか》などといった全国各地の遺跡から確認することができた。

私は、意図的に別個体の一部分を、本来ならば単独・単葬例となるべき事例に付随させ合葬している事例のことを部《ぶ》分骨合葬例《ぶんこつがっそうれい》、その葬法のことを部分骨合葬、合葬された別個体の一部を部分骨と呼んでいるが、この部分骨合葬も、どうやら系譜的死生観に基づいて行われたものらしい(山田二〇一三)。

この部分骨合葬例の特徴を挙げると、おおよそ以下のようになる。

(1)合葬された部分骨の性別は、男性よりも女性の方がかなり多い。
(2)部分骨を伴う単葬例は、多くの場合男性である。
(3)単葬例と部分骨の組み合わせで言うと、半数以上が男性と女性の組み合わせであり、特に千葉県下の後期前半の遺跡においてこの傾向が目立つ。
(4)部分骨として子供が合葬される事例は、全てを含めて七例存在し、決して少ない訳ではない。また、単葬例が子供である場合も四例存在する。
(5)頭蓋、下顎《かがく》、四肢骨、寛骨《かんこつ》といった大型の目立つ部位が合葬されている。

旧態依然とした男性社会の申し子の大変危険な発想として、フェミニズム研究者から批判されるかもしれないが、大人の男性に女性が合葬され、子供に大人の骨が合葬されるといった事例をみると、夫婦や親子といったつながりを、つい連想してしまうがどうだろうか。

新たな埋葬例に対して、別個体の骨を追加するという部分骨合葬のあり方を考えた場合、縄文時代に存在した二つの死生観のうち、部分骨合葬例により大きな影響を与えたのは、おそらく系譜的死生観の方であったということは想像に難くない。合葬された部分骨には頭蓋、下顎のほか、骨盤や四肢骨片など大型の骨が多く、このような骨が取り上げられていることからみて、部分骨が本来埋葬されていた墓が、意図的・偶発的にせよ、何らかの形で壊れて人骨が露出したと考えることには妥当性がある。その場合、系譜的な関係性の維持・継承という観点から、部分骨側の新たな拠所が求められたのであろう。単なる人骨露出事案であるのならば、そのまま他の場所に人骨を再埋葬すれば済むことである。しかしながら、部分骨をわざわざ単葬例と合葬させているのであるから、単葬例を埋葬する時点で、部分骨が用意されていなくてはならない。その意味では、部分骨がある程度の期間保存されていた可能性もでてくることになり、そこには一定の計画性が存在したことになる。

部分骨合葬には、墓の主たる被葬者である単葬例の存在が必須である。このことは、埋葬時点で、この単葬例の「個人的記憶」と「社会的記憶」が残存していることを意味している。そこに別個体の部分骨を意図的に合葬するのであるから、これまでの研究で明らかにされてきた合葬原理に基づく限り（山田二〇〇八ａ）、部分骨は単葬される被葬者と血縁関係を含む社会的な関係性を持っていたと想定できる。部分骨合葬例に男女の組み合わせや大人と子供の組み合わせが多いことを、この文脈で理解するならば、そこにやはり夫婦や親子、祖父母と孫といった社会的関係性をみることも可能ではなかろうか。

以上の点を考え合わせると、部分骨合葬の意義は、次のように理解できる。夫婦や親子、祖父母と孫など、その両者の現世における系譜的・社会的関係性を死後においても確認し、維持・強化するために部分骨合葬が行われ、それと同時に部分骨となった故人に対して新規の拠所が提供された、と。

関東地方における多数合葬・複葬例は、人骨を合葬することによって個々の「個人的記憶」や「社会的記憶」を消失させ、従来の系譜的関係の撤廃・再構成を図ったが、部分骨合葬例の場合は、「個人的記憶」や「社会的記憶」を維持させたまま、合葬が行われる。撤廃と再構成、確認と継承のように、その意味するところや表現形は異なるものの、両者ともに系譜的な死生観に則ったものであった。

なお、部分骨合葬以外に系譜的な死生観、かつ「個人的記憶」や「社会的記憶」を引き継ぐと思われるものに、「人骨製装身具」と呼ばれる人骨の加工品がある。たとえば、岩手県大洞貝塚《おおぼらかいづか》や宮城県里浜貝塚《さとはまかいづか》、徳島県三谷《みたに》遺跡などから出土した人の歯に孔をあけて垂飾品としたものや、宮城県東要害貝塚《ひがしようがいかいづか》から出土した、人の指の骨（基節骨《きせっこつ》や中節骨《ちゅうせっこつ》）に孔をあけて装身具としたもの、島根県佐太講武貝塚《さだこうぶかいづか》およびサルガ鼻洞窟《はなどうくつ》出土の人骨前頭部に孔をあけて装身具としたものなどは、生存者が故人を偲び、その系譜的関係性を確認・維持するための道具であった可能性がある。特に東要害貝塚の事例は成人女性を埋葬した土坑墓内より出土しており、女性の首飾りとされていた可能性が高い。人骨が装身具に加工されていたという相異があるにしても、この事例も部分骨合葬例として捉えることが可能かもしれない。これらの事例に対しては、すでに設楽博己が弥生再葬墓との関連で考察を加えているが（設楽二〇〇八）、縄文人の心性のうちに、故人の歯や骨を利用する形で故人との系譜的な関係を確認する手法があったことに注目しておきたい。

死の利用とコントロール

これまで見てきたように、縄文時代の人々は現世の都合によって、死者を利用してきた。これについては、二〇〇八年の段階でも述べたことがあるが（山田二〇〇八b）、現在の考えも取り入れながら、以下に再論しておきたい。

縄文人たちは死を怖がり、いたずらに遠ざけていたのではなく、むしろ身近なものと捉え、さらには集団内外の結びつきの確認や強化、財産や権威、序列などの継承といった、いま現在生きている人々の社会的関係性の維持・再生産のために「利用」していた。そして、そのような「死の利用」のための祭祀が具体的に行われた場所が、視覚的な要素を多分にもつ環状列石や大型配石遺構を伴う墓地であり、個別の墓であったのだろう。中妻貝塚の事例のような多数合葬・複葬例にみることができるように、すでに一度なんらかの形で埋葬等の死者儀礼が行われた後に、それを再度引き出して、再び埋葬を行うことによって新たな集団関係を生成するという行為は、死者を現世の人々のために、まさに利用するということに他ならない。死者の眠りを中断させ、その死後のあり方すら変更してしまうその方法は、死そのものを現世の必要性からコントロールするということなのである。

これはなにも縄文時代に限ったことではない。弥生時代の大型墳丘墓《おおがたふんきゅうぼ》や古墳時代の前方後円墳《ぜんぽうこうえんふん》など、墓そのものが社会的関係性の維持・再生産の場として機能したと考えられる事例は多い。たとえば、島根県出雲市に所在する大型の四隅突出型墳丘墓である西谷《にしだに》3号墓の墳丘上からは出雲地方でつくられた土器だけではなく、吉備地方（岡山県）で製作された土器や、丹後から北陸（丹越）地方の影響を強く受けた土器が出土している。また、これらの土器は、そのまま据え置かれたような状況ではなく、あたかも共飲共食後に一括して廃棄されたような状況で出土している。このことは、西谷3号墓に埋葬された「出雲の王」の葬儀にあたって、吉備地方や丹越地方からも参列者のあったことを推測させる（渡辺二〇〇八）。「王」の死を媒介として出雲と吉備・丹越の関係性が確認・維持・再生産されたことがうかがえよう。

葬儀の場面において、権力や権威、序列などが継承・確認・認知されるという状況は現代社会においても多々存在する。たとえば社長や会長の死を会社全体で悼む社葬などは、その顕著な事例であろう。社葬は、死者を悼むと同時に、会社内外の重要人物が多数集まる公的な場において、後継者の確定と組織の改編および存続を象徴的に表現するパフォーマンスの場でもある。そこには、先の弥生時代の事例で見たような「力学関係の再生産」が存在する。古墳時代の「首長霊《しゅちょうれい》継承儀礼《けいしょうぎれい》」なども同様であろう。

また、現世の要求から死のあり方をコントロールするということで言えば、脳死をもって人の死とするというような、死の基準そのものを現代社会の都合に合わせて伝統的な考え方から変更することを要求する「脳死の認定」、およびそれを前提とした臓器移植関連法案の成立なども、まさにこれにあてはまると言えるだろう。その発想の根本は、縄文時代から変わっていない。生きている者による死および死者の利用とコントロールは、すでに縄文時代には始まっていた。そしてその機能と構造は、縄文時代から現代社会まで脈々と継承されてきているのである。

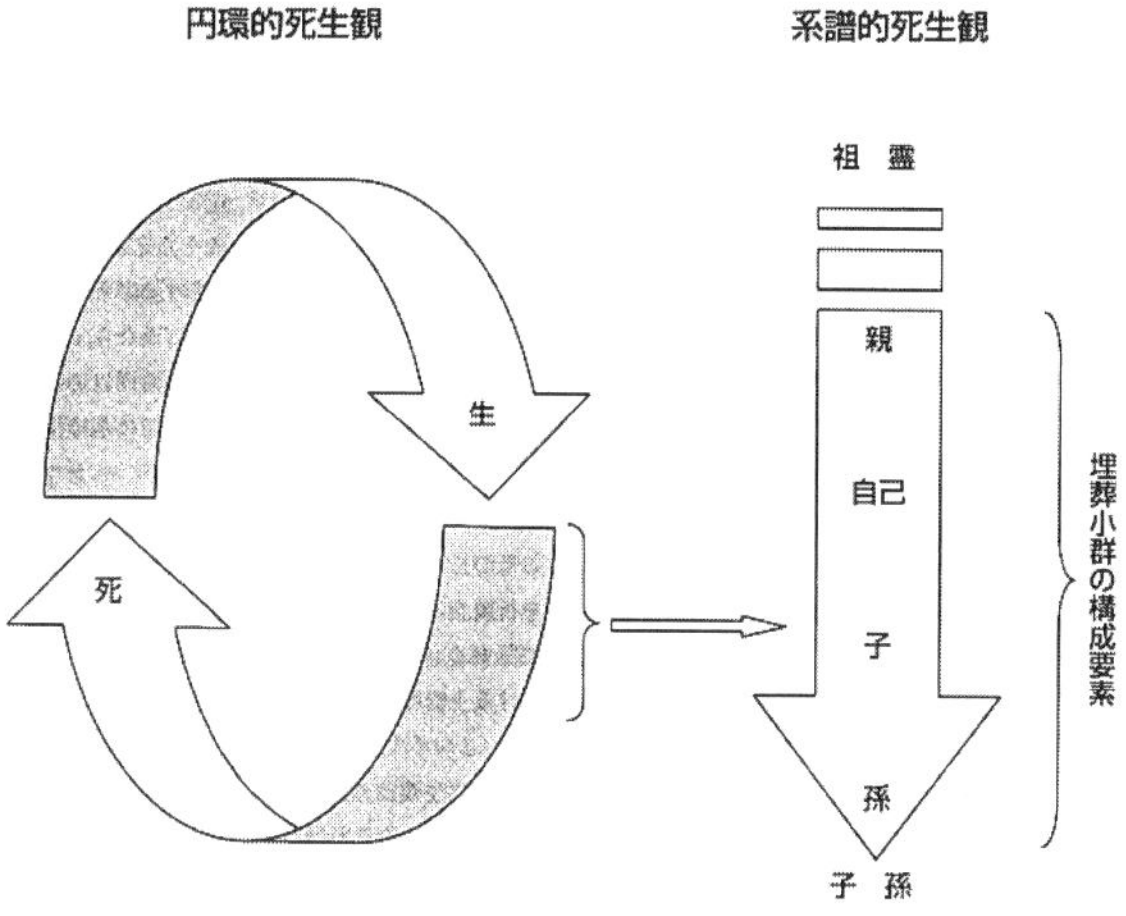

図25　縄文時代における二つの死生観（山田 2013 より）

近代日本社会成立期にみる二つの死生観

これまでにも述べて来たように、縄文時代には「回帰・再生・循環」といういわば円運動をする「円環的死生観」と、自身の歴史的立ち位置を直線的に捉える「系譜的死生観」の二つが存在した（図25）。「円環的死生観」とは、根本的には「土に還る」など、自分自身が姿形を変化させながら自然の中を循環していくという死生観であり、その後の伝統社会においても、長く日本人の心の中に存在してきたものである。

一方、伝統社会には「功成り名を遂げて、家の初代・御先祖になる」という願望も強く存在したことが、これも柳田國男《やなぎたくにお》らの指摘によって明らかにされている（柳田一九四六）。「家の初代」・「先祖」をことさら重要視する考え方は、まさに系譜的死生観の存在を前提としたものである。ここからは日本の伝統社会においても、先の二つの死生観が共存していたことを読み取ることができる。

過去において日本人は様々な「死後の世界」をイメージし、そして描いてきた。現在も死後の世界としてイメージされる地獄などは、一〇世紀に源信《げんしん》によって書かれた『往生要集《おうじょうようしゅう》』の影響が強いと思われる。中世以降、様々な「地獄絵図」が描かれ、人間が亡くなった後に赴く「他界」の存在が強調されるようになるが、その一方で「輪廻転生」の言葉にもあるように、「他界」の存在は必ずしも「回帰・再生・循環」を否定するものではなかった。江戸時代までの伝統的な社会において主要なパラダイムとなった仏教的思想は、「回帰・再生・循環」という死生観を必ずしも否定するものではなく、むしろ共通の基盤を持っていたといえるだろう。

しかしながら、近代国家が誕生していく過程において、新たに様々な「伝統」が創られ、国民に強要されていくという事象は汎世界的に多々存在したことが、ホブズボウムらの研究によって明らかにされている（ホブズボウム他一九九二）。昔からあったもの、伝統的なものとされた様々な社会的事象が、実は近代になって新たに創作されたものであったということは、非常に多い。これは日本においても例外ではなかった。明治維新後に国民を統制する観点から、イエ制度・長子相続など、民法の規定をも含む新たな「伝統」が確立され、天皇家を頂点とするイエ制度による国家体制が整備されるようになると、それを思想的に基盤付ける「系譜的な死生観」が強く必要とされたことが、昨今の現代史の研究によっても明らかとされている。

その一方、明治期において欧米の科学的思考法が流入していく過程で、多くの在来的な思想が「非科学的」・「迷信」として切り捨てられていった。「生まれかわり」をはじめとする「回帰・再生・循環」という死生観もその一つであったことは、記憶しておく必要があるだろう。また、このような状況に抗してか、明治期の終わり頃には百物語の流行や千里眼事件などを初めとする、オカルト・怪談ブームがあったこともあわせて考えるべきだろう。柳田國男がこのような百物語の会にしばしば出席していたことはよく知られており、『遠野物語《とおのものがたり》』を、その系譜で捉えなおすことも可能だ。

また、日本が日清・日露戦争を経験し、多数の日本人が国外で死亡する事例が相次ぐようになると、従来の日本の伝統的社会に存在した「亡くなった人の霊魂は、近傍の山などに登り、そこから私たちの生活を見守っている」（柳田一九四六）といった、霊魂観・祖霊観は成立し難くなってしまっていた。そのような「さまよえる霊魂」を国の管理の下で一括祭祀したのが靖国神社である（村上一九七四）。戦死者を弔うために、靖国神社ではこれを神として扱い、系譜的な死生観である「先祖代々」の中の殊勝者として位置づけ、国民に対し、これを「国民としてあるべき、そして誇りに思われるべき死者」として提示した。さらに、遺族たちは「誉れの遺族」として恩給を受け、精神的・経済的にも国家の監視下に置かれることとなった（一ノ瀬二〇〇五）。このような霊魂管理システムを構築した近代国家としての日本では、死者の霊が勝手に生まれ変わったり、回帰・循環しては困るのである。

近年における「円環的死生観」の復権

先に述べたように、「生まれ変わる」・「生き返る」といった考え方は、エントロピーの法則など近代科学的思考の中でしばしば否定されてきた。さらに言えば、明治期以降、近代国家としての歩みを始めた日本においては、系譜的な死生観の方が重用されてきた。

しかしながら、死して自然の中へと回帰する思想を歌った「千の風になって」は、近年まれにみる大ヒット曲となった。オリコン初のクラッシック楽曲による第一位獲得という事実は、日本人の死生観を考える上で非常に重要な問題を提供してくれる。このことは、単に歌が上手い、いい曲だといったことを超えて、現代日本人の心の中に「回帰・再生・循環」という円環的死生観がいまだに存在し続けており、そしてそれゆえに多くの人々が歌詞に共感したことを意味しているからである。

現在、系譜的な死生観に基づく従来の墓のあり方（死んだら〇〇家の墓に入り、子孫たちに供養してもらう）は、核家族化や従来の家族観の解体、婚姻形態の多様化にともなって、そのあり方を大きく変容させようとしている。このことは、地方においては、本来供養を行うべき人物が都会において生活基盤を築くなどして、地元にある家代々の墓の維持がきわめて困難になっている現状からも読み取ることができるし、また、夫婦といえどもその家代々の墓には入らないという、従来の系譜的死生観からは逸脱する事態が頻発していることからもわかる。民俗学者で國學院大學教授の新谷尚紀《しんたにたかのり》は、このような状況を現代社会における「自己愛」の発露として理解しているが（新谷二〇〇九）、このような方向性の、一つの受け皿が「自然葬」であることは間違いないだろう。

また、「自然葬」がそのニーズを伸ばしている背景としては、都市部等において墓の新規造営および維持が困難になっているという現実的側面の他に、現代社会における閉塞感や家族観の変化、既存の宗教に対する絶望感、「死」＝「無」と捉える近代科学的思考に対する不信感、さらには死そのものがなかなか見えなくなっているという遮蔽性からくる不安感などの精神的な側面も考慮する必要があるだろう。

一方で、「自然葬」のような葬法に対して、まだまだ一般社会・宗教界における抵抗感も強く存在することも事実である。たとえば考古学者であり、縄文時代の墓について論文を執筆したことがあり、僧侶でもある長澤宏昌《ながさわひろまさ》は、日本における埋葬の歴史を振り返りながら『散骨は、すべきでない』という著書を上梓し、自然葬に対して批判を行っている（長澤二〇一二）。長澤は、島田《しまだ》裕巳《ひろみ》の『葬式は、要らない』（島田二〇一〇）における一文「散骨すれば、墓を作る必要はない。死者が出たとき、病院から火葬場に直行し、焼いた遺骨をどこかに撒くのなら、葬式もいらなければ、墓もいらない。これほど簡単なことはないし、死者を葬る費用も節約できる。墓を求めると、場所がどこだろうとかなりの金が必要だが、それもいらない。しかも合法だから法律で咎められることもない」を引用しながら、「直葬・散骨は金が掛からない、簡単だ、法に触れない、この三つの言葉に集約される一文に、私は現在の日本の病巣を見る。散骨を行った人やこれらから直葬・散骨を行おうと考えている人のすべてがそうだと決めつけるつもりはないが、少なくとも、この三つの言葉には死者を大事にするというにおいがまったくしないのである」と述べ、直葬・散骨が自然葬に名を借りた遺体の始末、処理であると主張している。

散骨がそのような形の遺体処理であるかどうか、あるいは死者を大切にしないものなのか、さらには現代社会において死者を大切にするとはどういうことか、といった点については本書の趣旨と離れるのでここでは議論しないが、散骨や自然葬の背景にある思想そのものが、遥か昔から存在するものであり、すでに仏教の教えの枠組みから乖離しているとしたら、その点に関しては仏教思想側からの批判が説得力を持つとも思えない。ましてや、「私たち人間のDNAには埋葬を主体とする葬送行為はすでに織り込まれているのである。それを捨て去ることは人間であることを捨て去ることに等しいのだ」（長澤前出）というような、ある意味「非科学的」ともとれるような物言いをされると、僧侶としての長澤の想いは理解できるとしても、少々首を傾げたくもなってしまう。

新谷が言うように、死者に対して残された人々が行う行為が、死者を「慰霊」・「供養」するという形から、死者を「記憶する」という形に変化してきている点からみても（新谷二〇〇九）、死者を大切にするという方法が、従来の「型」に縛られるようなものでもないことが理解されよう。もちろん「〇〇家の墓」に入り、供養されることこそ、重要なのだとするような、従来の系譜的な死生観の上に乗るだけでは、現代社会における死をめぐる様々な問題には対応できないであろう。

一方で、産経新聞出版から刊行されている『終活読本ソナエ』二〇一五年春号では、「散骨という選択肢」と題して、自然葬の特集を行っている。この中で注目したいのは、わざわざ「歴史」という項目を設けて、弥生時代における「散骨」の事例に言及していることだ。文章を読む限り、その誌面における考古学的記述には誤解が多いが、少なくとも自然葬を取り上げる側が、その「歴史性」に言及し、これを古くから存在した葬法として肯定的に扱っていることは興味深い。歴史によって、その正当性を担保していると考えられなくもない。

「自然葬」の可否、およびそのあり方をめぐっては、今後とも様々な領域から多くの人々によって議論されていくべきである。しかしながら「自然葬」を行う、その際の「精神的な受け皿」として、「千の風になって」にみられるような「回帰・再生・循環」という「円環的死生観」が機能しているということは想像に難くない。それが「縄文時代的な死生観」であるかどうか、その歴史性を意識するしないにかかわらず、少なくとも「円環的死生観」が、近年のエコロジーの観点や、「スピリチュアル・ブーム」ともあいまって、精神的拠所として再び台頭・復権し、私たちの心の中で息づいていることは間違いではないだろう。

おわりに

縄文時代・文化の捉え方、教科書における記述とは異なる縄文文化の存在、そして当時の死生観について、私がこれまで研究し、発表してきたことを、できるだけわかりやすく簡潔に語ってきたつもりだが、いよいよ本書も終局を迎えた。まだまだ書き足りないことは山とあるが、適切な分量で止めておくこともまた、大切なことであろう。足りない部分については次の機会に譲ることとし、ここでは本書で議論してきた「縄文時代・文化とは何か？」という点について、簡単ではあるが箇条書きにして私の考えをまとめ、本書の擱筆としたい。

本書の第1章から第4章で述べてきたことは、主に以下の七点である。

1：第二次世界大戦前においては、「縄文時代」という言葉が用いられることはほとんどなく、ほぼ一律に石器時代という呼称が使用されていた。「縄文時代」という言葉・概念は、「弥生時代」とともに、発展段階的な視点から戦後における「新しい日本史」を記述するために用意されたものであり、その意味では政治的な側面を有している。

2：したがって、歴史を叙述するにあたって「縄文時代」・「縄文文化」と言った場合、それは当初から「日本」における「一国史」としての枠組みが前提とされる。当然ながら、「日本」以外には、「縄文時代」という概念は存在せず、世界史的には、本格的な農耕を行っていない新石器時代というユニークな位置付けが与えられることになる。

3：このような「一国史」において、「縄文時代」という用語の一般化は、戦後の「日本」が真の独立国家としての歩みを軌道に乗せた頃と時期を同じくする。これは、「日本」が独自の歴史を語り始めたということに他ならない。

4：現状では、「日本の歴史において、狩猟・採集・漁撈による食料獲得経済を旨とし、土器や弓矢の使用、堅牢な建物の存在や貝塚の形成などからうかがうことのできる高い定着性といった特徴によって、大きく一括りにすることができる文化」という言説以上に、「縄文文化」を最大公約数的に、コンパクトに説明できるものはない。

5：しかしながら、「縄文文化」の空間的範囲を考えた場合、その範囲は北海道から南西諸島まで（ただし南西諸島においては連続性の強まる時期とそうでない時期がある）と、現在の「日本」の国土の範囲とほぼ一致する。それゆえに、日本の歴史において、ある特定の時期（上述したような一万六五〇〇年前から三〇〇〇年ほど前の食料獲得経済を旨とする時期）を一括的に叙述するためのタームとしては、「縄文時代」・「縄文文化」は非常に使い勝手がよい。

6：一方で「縄文文化」とは、時期差・地域差に基づく環境適応の多様性に富みながらも、相互に連続性を有する様々なphase（様相）の総体のことである。それを、一国史的立場から共通性を重視して一つの文化として捉えるべきか、それとも多様性を重視して、複数文化の集合体として捉え、国境を越えて東アジアの先史文化の中に位置付けるべきかという点については、現状では研究者各々の歴史観および叙述目的に委ねられていると言ってよく、今後意識的に議論されて行かなければならない問題である。

7…また、「縄文時代」・「縄文文化」の捉え方、およびその研究動向は、日本社会における世相に大きく影響を受けてきた側面がある。したがって、「縄文時代」のイメージも、誰もが平等な理想社会から、生まれながらにして身分格差のある階層化社会まで、世相およびそれに起因する縄文時代に対する社会的ニーズによって変化してきたと言える。

四つの章を使って、かなりの頁を割きながら説明してきた内容をまとめると、以上のようになる。あまりに量的に少なくなってしまったので私自身も少々失笑を禁じ得ないが、現状において言いたいことは押さえられていると思う。その論拠等については、本文の方へ戻って確認していただきたい。

また、本書では最終第5章において、再び縄文時代における死生観について、現在の自身の考えを執筆することができた。主張の大枠は二〇〇八年に発表した『生と死の考古学』において述べたものと大きくは変わっていないが、その後の七年間において「円環的死生観」と「系譜的死生観」についてはさらに考察を深めることができ、縄文時代の人々の祖霊観、およびそれを利用した祖霊祭祀による社会コントロールにまで話を広げていくことができたし、さらには縄文時代の死生観を語る現代的な意義についてもより深く触れることができたと思う。読者の方々も縄文の死生観と私たちのそれが、実は意外に近しい関係にあることに気がつかれたであろう。そして、昨今の死をめぐる様々な場面において、この縄文時代的な死生観が復権を遂げつつあることも、おわかりいただけたと思う。

私自身、本書執筆中に、いくつもの新しい発想を得ることができた。現在、科学研究費補助金（基盤研究（B）「愛知県保美貝塚出土資料による考古学・人類学のコラボレーションモデルの構築と展開」）を受けて調査研究を重ねている縄文時代の墓制および人骨の分析結果が上がってきており、本書における考察と組み合わせることによって縄文社会・精神文化に対して今後さらなる研究の深化を期待できそうである。

大学学部の卒業論文を、「縄文時代の子供の埋葬」というテーマで執筆してから、早くも三〇年近い年月が過ぎた。その時点でユニークな視点ではあったが、ほんの小さな研究テーマであったものが、今や国内最大の学会である日本考古学協会において「子どもをめぐる考古学」としてセッションが開かれるまでに成長してきた。これは大変に喜ばしいことである。修士課程に進学して以降も、縄文時代を中心とした墓制、集落、社会構造について研究を重ねてきたが、それでもこれで十分だという実感はない。まったくもって、「少年老いやすく、学成り難し」である。

一方で、私がこれまで行ってきたような、考古学的な情報と人類学的な情報を組み合わせつつ、当時の社会や精神文化に切り込もうとするBio-Archaeologyの分野において、意欲的な若い研究者が数多く育ってきており、私が自身のメインテーマとしてきた葬墓制研究のテキストブックを示し、後進のために役立てたいとも考えるようになってきた。そろそろ次世代を育てる年齢になってきたという自覚なのだろうか、それとも気力の衰えか、自分のことではあるが、前者であることを祈りたい。

また、「はじめに」にも書いたが、本書には国立歴史民俗博物館の第1展示室新構築にあたって、私がいろいろと考えたことが含まれている。その成果は、今後リニューアルオープンする歴博総合展示第1展示室大テーマⅡ「多様な縄文列島」の中で活かしていきたい。

本書を執筆するにあたっては、国立歴史民俗博物館名誉教授春成秀爾氏、東京大学教授設楽博己氏、明治大学教授石川日出志氏、国立歴史民俗博物館教授藤尾慎一郎氏をはじめ、歴博共同研究「先史時代における社会複雑化・地域多様化の研究」メンバーの方々など、多くの研究者の方々にご教示をいただいた。また、出版にあたっては、新潮社学芸出版部の今泉眞一氏に大変お世話になった。今泉氏の、誠にタイミングの良い督促がなければ、怠惰な私はなかなか筆をすすめることができなかったであろう。最後になったが、記して感謝したい。

二〇一五年七月六日
　鶴見川にほど近い寓居にて、愛猫とともに。

山田　康弘

註

第1章

(1) 黒曜石やサヌカイトなどの鋭く割れる石を用いて作った矢じりのこと。

(2) 粘土を板状にして文様を付け、焼いたもの。御守りや護符などに使われたという説がある。

(3) 簡単な掘り棒や鍬といった道具のみで行われる、ごく原始的な農耕のこと。

第2章

(1) 縄文時代の抜歯は、特定の歯種に限って行われる。除去された歯の種類によって分類されたものを抜歯型式という。抜歯型式には、上顎左右犬歯のみを除去する0（ゼロ）型、上顎左右犬歯と下顎左右第一・第二切歯を除去する4I型、さらに下顎左右の犬歯を除去する4I2C型、上顎左右犬歯と下顎左右犬歯を除去する2C型、さらに下顎左右第一切歯を除去する2C2I型などの五種類がある。春成秀爾によって設定された。

(2) 土器の表面に豆粒のような文様を点々と貼り付けた土器。豆粒文土器は、当時世界最古の土器と言われた。

(3) アルファベットのCの形をした耳飾り。古代中国の装身具である玦に類似することからこの名前がある。

第3章

(1) 口縁部の周りに文様として細い粘土紐が何重にも巡らされた縄文時代草創期の土器。

(2) 縄を棒に巻きつけ、それを土器の表面に転がして文様をつけた縄文時代早期の土器。

(3) 口縁の端部や、その下の屈曲部分に粘土紐（突帯）を貼り巡らせた土器。突帯上には往々にして刻み目が付けられることが多く、刻目突帯文土器と呼ばれることもある。かつては縄文時代晩期終わりの土器とされてきたが、この時期の水田跡が発見され、弥生時代へと繰り入れられるようになった。

(4) 福岡県板付遺跡から出土した土器を指標として設定された土器様式。よく磨かれた壺や、刷毛目が施され、口縁部が大きく外反する（如意形口縁という）甕の他、高坏《たかつき》などといった形態があり、弥生時代前期の典型的な土器様式とされ、この土器の出土が弥生文化波及の指標とされることも多い。

(5) 東北地方の縄文時代晩期の土器として著名な「亀ヶ岡式土器」は、正式名称を大洞式土器と言う。大洞式土器は、岩手県大洞貝塚他から出土した資料を基準として設定されたもので、細かな時期の違いから、B→B-C→C1→C2→A→A′式の六つの型式に区分される。この各型式の中をさらに細かく区分して、大洞C2式古段階・新段階と呼んだりする。

(6)石刃《せきじん》とは縦長の短冊のような形をしており、左右の縁がカミソリのように鋭い刃となっている石器のことである。この石刃のうち、幅が1センチ以下の小型のものを細石刃《さいせきじん》と呼ぶ。旧石器時代の人々は、細石刃を動物の骨などで作った軸にいくつも一列に並べて埋め込んで、投げ槍などを作成した。このような細石刃を多数用いた文化のことを細石刃文化という。細石刃の作り方には、大きな石槍のような石器を作り、これから細石刃を割り出す湧別技法などの他、いくつもの方法がある。

(7)熊本県轟貝塚から出土した土器を指標に設定された縄文時代前期の土器型式。最初に分類された名称から轟B式とも呼ばれる。土器の口縁部から胴部にかけて、粘土紐による直線的な文様が施文される。韓国の隆起線文土器と類似するとされる。

(8)熊本県曽畑貝塚出土土器を指標として設定された縄文時代前期の土器型式で、轟式よりも時期的に新しい。粗い目の櫛で線を引いたような沈線による文様が特徴的である。韓国の櫛目文土器と類似するとされる。

(9)鹿児島県市来貝塚出土土器を基準として設定された縄文時代後期の土器型式。口縁部は波状になるものが多く、貝殻を使って文様を施文する特徴がある。

(10)土器の表面に付けた縄文に二本の平行な線を描き、その間の縄文をすり消すことによって文様をつくる手法。あるいは、先に二本の線を描き、そのあいだに縄文を施すことによって、先のような表現を意図した方法。この場合、縄文充塡技法とも呼ばれる。

(11)土器の表面に先の尖った棒を連続して突き刺してできたブツブツの文様。

(12) ノコギリの刃（鋸歯）のようにギザギザを表現した文様。

第4章

(1) 縄文時代の呪術具の一つ。詳しくは第5章を参照のこと。

(2) 進化主義的な社会論によれば、未開社会は時間の経過とともに野蛮な段階から文明を持つ国家という形態へと移行（発展）していくとされている。しかしながら、世界各地の民族誌には、複雑な社会構造をもちつつも国家へと発展せずに、持続安定的な社会を営むものも数多く記録されている。クラストルは、「文字による歴史を持つ人々の歴史は階級闘争の歴史である、といわれる。少なくともそれと同じ程度の真理として、文字による歴史を持たない人々の歴史は、彼らの国家に抗する闘いの歴史だ」と述べ、このような社会のことを「国家に抗する社会」と呼んだ。

引用・参考文献（五十音順：一般に入手容易な資料を中心とした）

浅川利一・梅本成視　二〇〇二「山形県の縄文遺跡から出土した中国古代の有孔石斧」浅川利一・安孫子昭二編『縄文時代の渡来文化――刻文付有孔石斧とその周辺』雄山閣。

安里　進　一九八八「琉球――沖縄の考古学的時代区分をめぐる諸問題（下）」『考古学研究』第34巻第4号。

足立文太郎　一九〇七「本邦石器時代住民の頭蓋」『東京人類学会雑誌』第22巻第253号。

阿部朝衛　一九八四「ジョン・ミルン論」加藤晋平他編『縄文文化の研究』第10巻　縄文時代研究史、雄山閣。

阿部友寿　二〇〇三「縄文後晩期における遺構更新と「記憶」――後晩期墓壙と配石の重複関係について」『神奈川考古』第39号。

阿部友寿　二〇〇四「遺構更新における骨類の出土例――縄文時代後晩期における配石遺構・墓坑・焼人骨」『古代』第116号。

安　志敏　一九九〇「江南文化和古代的日本」『考古』第4期、科学出版社。

安　志敏　一九九五「記日本出土的鬲形陶器」『考古』第5期、科学出版社。

池上良正　一九八七『津軽のカミサマ――救いの構造をたずねて』どうぶつ社。

石川日出志　二〇一〇『農耕社会の成立』岩波新書1271、岩波書店。

石川千代松　一九二九「序――モース先生」『日本その日その日1』科学知識普及会（平凡社復刻版一九七〇を引用）。

泉　拓良・下垣仁志　二〇一〇「縄文文化と日本文化」小杉康他編『縄文時代の考古学』第1巻　縄文文化の輪郭、同成社。

磯野直秀　一九八七「黎明期の日本に対するエドワード・S・モースの寄与」『ザ・ヤトイ―お雇い外国人の総合的研究―』思文閣。

市川健夫　二〇一三「石刀・石棒」『季刊考古学』第125号、雄山閣。

一ノ瀬俊也　二〇〇五『銃後の社会史―戦死者と遺族―』歴史文化ライブラリー203、吉川弘文館。
一柳廣孝編　二〇〇六『オカルトの帝国――1970年代の日本を読む』青弓社。
伊藤慎二　一九九四「琉球列島」『季刊考古学』第48号、雄山閣。
稲田陽介　二〇一〇a「山陰地方の縄文後・晩期集落」『シンポジウム記録7　西日本の縄文集落・古墳時代の首長居館をめぐる諸問題・吉備のムラと役所』考古学研究会。
稲田陽介　二〇一〇b「島根県における縄文集落の基礎的研究」『遺構から見た中四国地方の縄文集落像』第21回中四国縄文研究会島根大会資料。
井上光貞・笠原一男・児玉幸多他　一九八四『詳説日本史（新版）』山川出版社。
今村啓爾　一九九九『縄文の実像を求めて』歴史文化ライブラリー76、吉川弘文館。
今村啓爾　二〇一三「縄文時代研究史」『講座日本の考古学』第3巻　縄文時代上、青木書店。
岩松　保　二〇〇九「伊賀寺地区の調査」『京都府遺跡調査報告集』第133冊、京都府埋蔵文化財調査研究センター。
植木哲也　二〇〇八『学問の暴力――アイヌ墓地はなぜあばかれたか』春風社。
上野千鶴子　一九八七「ポスト大衆社会論の構図」『〈私〉探しゲーム』筑摩書房。
内田好昭　二〇〇二「用語「弥生式時代」の採用時期とその背景」『田辺昭三先生古稀記念論文集』。
内山純蔵　一九九四「出土動物・植物遺存体」竹広文明他編『佐太講武貝塚発掘調査報告書2』鹿島町教育委員会。
NHK放送文化研究所編　二〇〇四『現代日本人の意識構造（第六版）』。
M.S.生（白井光太郎）　一八八七「コロボックル果シテ北海道ニ住ミシヤ」『東京人類学会報告』第1巻第11号。
エリアーデ、M.（堀　一郎訳）　一九七一『生と再生――イニシエーションの宗教的意義』東京大学出版会。
大塚英志　二〇〇四『「おたく」の精神史――一九八〇年代論』講談社現代新書　1703。
大塚達朗　二〇一三a「土器で考える」『東海縄文論集』東海縄文研究会。
大塚達朗　二〇一三b「縄紋時代のはじまり（草創期）――そのアポリア」『講座日本の考古学』第3巻　縄文時代上、青木書店。
大坪志子　二〇一三「玦状耳飾」『季刊考古学』第125号、雄山閣。
大貫静夫　二〇〇八「「文化」のある国と「文化」のない国」『文化交流研究』第21号、東京大学。

大林太良　一九七一「縄文時代の社会組織」『季刊人類学』第2巻第2号。
大林太良　一九九二「日本の狩猟・漁撈の系譜」『狩猟と漁労』雄山閣。
大村　裕　二〇一四『日本先史考古学史講義――考古学者たちの人と学問』六一書房。
岡田康博　二〇〇〇『遥かなる縄文の声』NHKブックス844、日本放送出版協会。
岡村道雄　一九八七「4．層形成について」『里浜貝塚Ⅵ』東北歴史資料館。
岡村道雄　二〇一五『素晴らしい日本文化の起源　岡村道雄が案内する縄文の世界』別冊宝島２３３７。
岡本　勇　一九七五「原始社会の生産と呪術」『岩波講座日本歴史』第1巻　原始および古代1、岩波書店。
小倉淳一　二〇一一「小シーボルトと日本考古学の黎明期」ヨーゼフ・クライナー編『小シーボルトと日本の考古・民族学の黎明』同成社。
小野　昭・春成秀爾・小田静夫編　一九九二『図解・日本の人類遺跡』東京大学出版会。
オームス、H．一九八七『祖先崇拝のシンボリズム』弘文堂。
海部陽介・藤田祐樹　二〇一〇「旧石器時代の日本列島人――港川人骨を再検討する」『科学』第80巻第4号。
柏倉亮吉　一九三一「青銅刀を追うの記」『荘内文化』第4号。
金山喜昭　一九九二「石材」『図解・日本の人類遺跡』東京大学出版会。
菊池徹夫・岡内三眞・高橋龍三郎　一九九七「青森県虚空蔵遺跡出土土器の共同研究」『早稲田大学大学院文学研究科紀要』第42輯第4分冊。
キージング、R．（小川正恭・笠原政治・河合利光訳）一九八二『親族集団と社会構造』未来社。
喜田貞吉　一九二六「奥羽地方のアイヌ族の大陸交通は既に先秦時代にあるか」『民族』第1巻第2号。
喜田貞吉　一九二七「奥羽北部の石器時代文化に於ける古代支那文化の影響に就いて」『民族』第2巻第2号。
木下尚子　二〇〇五「縄文時代二つの装身文化――九州・奄美・沖縄の装身具比較」『九州の縄文時代装身具』第15回九州縄文研究会沖縄大会。
木原善彦　二〇〇六『UFOとポストモダン』平凡社新書309。
金鎮晶・小片丘彦・峰和治・竹中正巳　一九九三「煙臺島（煙谷里）遺跡出土の新石器時代人骨について」『煙臺島Ⅰ』国立晋州

博物館。
木村勝彦　二〇一二「建材の年輪が語る縄文の森林とその利用」『日本植生史学会第27回大会講演要旨集』。
清野謙次　一九二〇「備中国浅口郡大島村津雲貝塚人骨報告」島田貞彦・清野謙次・梅原末治『備中津雲貝塚発掘報告』京都帝国大学文学部考古学研究報告第5冊。
清野謙次　一九二五a『日本原人の研究』岡書院。
清野謙次　一九二五b「男女生殖器を示し且同時に交接を意味する日本石器時代土製品」『考古学雑誌』第15巻第3号。
清野謙次　一九二八『日本石器時代人研究』岡書院。
清野謙次　一九四六『日本民族生成論』日本評論社。
清野謙次　一九四九『古代人骨の研究に基づく日本人種論』岩波書店。
楠本政助　一九七六『縄文人の知恵にいどむ』筑摩書房。
工藤雅樹　一九七九『研究史日本人種論』吉川弘文館。
クラストル、P.（渡辺公三訳）一九八七『国家に抗する社会――政治人類学的研究』水声社。
考古学研究会編　一九五四『私たちの考古学』第1号。
小金井良精　一八九〇a「アイノ人四肢骨に就て」『東京人類学会雑誌』第5巻第53号。
小金井良精　一八九〇b「本邦貝塚より出たる人骨に就て」『東京人類学会雑誌』第6巻第56号。
小金井良精　一九〇三「日本石器時代の住民」『東洋学芸雑誌』第259・260号。
小金井良精　一九〇四a「下総国国分村堀内貝塚所出の人骨に就て」『東京人類学会雑誌』第20巻224号。
小金井良精　一九〇四b『日本石器時代の住民』春陽堂。
小金井良精　一九三五「アイノの人類学的調査の思ひ出」『ドルメン』第4巻第7号。
国立歴史民俗博物館編　一九八五『日本の歴史と文化――国立歴史民俗博物館展示案内』。
小杉　康　一九九五「縄文時代後半期における大規模配石記念物の成立」『駿台史学』第93号。
小杉　康　一九九七「縄文時代の再生観念」『日本考古学協会第63回総会研究発表要旨』。
小杉　康　二〇〇三『縄文のマツリと暮らし〔先史日本を復元する3〕』岩波書店。

小林謙一　二〇〇八「縄文時代の暦年代」小杉康他編『縄文時代の考古学』第2巻　歴史のものさし、同成社。
小林謙一・坂本稔・工藤雄一郎編　二〇〇九『縄文はいつから!?——1万5千年前になにがおこったのか』国立歴史民俗博物館企画展図録。
小林達雄　一九八八a「日本文化の基層」『日本文化の源流』学生社。
小林達雄　一九八八b『古代史復元』第3巻縄文人の道具、講談社。
小林達雄　二〇〇三「大森貝塚に於ける食人説」『國學院大學考古学資料館紀要』第一九輯。
小林行雄　一九五一『日本考古学概説』東京創元社。
駒井和愛・杉原荘介　一九四九『登呂　前編』日本考古学協会。
駒井和愛・杉原荘介編　一九六一『日本農耕文化の生成』東京堂。
小山修三　一九八四『縄文時代——コンピューター考古学による復元』中公新書733。
小山修三　一九九六『縄文学への道』NHKブックス769、日本放送出版協会。
小山修三・岡田康博　二〇〇〇『縄文時代の商人たち』洋泉社。
近藤義郎　一九六二「弥生文化論」『岩波講座　日本歴史』第1巻　原始および古代1、岩波書店。
酒詰仲男・篠遠喜彦・平井尚志　一九五一『考古学辞典』改造社。
坂野　徹　二〇〇五『帝国日本と人類学者　一八八四-一九五二年』勁草書房。
櫻井準也　二〇一四『考古学とポピュラー・カルチャー』同成社。
櫻井徳太郎　一九八九「柳田国男の祖先観」『歴史民俗学の構想』櫻井徳太郎著作集第8巻、吉川弘文館、（初出は一九七四・一九七五『季刊柳田国男研究』第7・8号）。
佐々木高明　一九九一『日本の歴史』第1巻　日本史誕生、集英社。
佐々木藤雄　一九七三『原始共同体論序説』共同体研究会。
佐々木藤雄　二〇〇二「環状列石と縄文式階層社会」『縄文社会論』（下）、同成社。
佐々木藤雄　二〇〇五「縄文と弥生、階層と階級」『異貌』第23号。
笹山晴生・佐藤　信・五味文彦・高埜利彦　二〇一三『詳説　日本史B』山川出版社。

佐原　真　一九七五「農業の開始と階級社会の形成」『岩波講座　日本歴史』第１巻　原始および古代１、岩波書店。
佐原　真　一九八四「山内清男論」『縄文文化の研究』第10巻　縄文時代研究史、雄山閣。
佐原　真　一九八五「奴隷をもつ食料採集民」『歴史公論』第114号、雄山閣。
佐原　真　一九八七『大系日本の歴史』第１巻　日本人の誕生、小学館。
佐原　真・小林達雄　二〇〇一『世界史のなかの縄文』新書館。
塩入秀敏・助川朋広・斎藤達也編　二〇〇二『金井東遺跡群　保地遺跡Ⅱ』坂城町教育委員会。
設楽博己　二〇〇八『弥生再葬墓と社会』塙書房。
設楽博己　二〇一三「縄文時代から弥生時代へ」『岩波講座　日本歴史』第１巻、原始・古代１、岩波書店。
設楽博己編　一九九五『東日本における農耕文化成立の研究』平成六年度科学研究費補助金（一般研究Ｂ）研究成果報告書。
篠田謙一・松村博文・西本豊弘　一九九八「ＤＮＡ分析と形態データによる中妻貝塚出土人骨の血縁関係の分析」『動物考古学』第11号。
島田裕巳　二〇一〇『葬式は、要らない』幻冬舎新書157。
島根県古代文化センター編　二〇一四『山陰地方の縄文社会』。
清水潤三・倉田芳郎　一九五七『考古学ノート』第３巻　原史時代Ｉ――弥生文化、日本評論新社。
新谷　武・岡田康博　一九八六「青森県平舘村今津遺跡出土の鬲状三足土器」『考古学雑誌』第71巻第２号。
新谷尚紀　一九九五『死と人生の民俗学』曜曜社出版。
新谷尚紀　二〇〇九『お葬式――死と慰霊の日本史』吉川弘文館。
末永雅雄・小林行雄・藤岡謙二郎　一九四三『大和唐古彌生式遺跡の研究』京都帝国大学文学部考古学研究報告第16冊。
杉原荘介　一九五五「彌生文化」『日本考古学講座』第４巻　彌生文化、河出書房。
杉原荘介　一九六一「日本農耕文化の生成」『日本農耕文化の生成』東京堂。
杉原荘介編　一九六〇『世界考古学大系』第２巻　日本Ⅱ・弥生時代、平凡社。
鈴木保彦　一九九一「第二の道具としての石皿」『縄文時代』第２号。
ストリンガー、Ｃ．・ギャンブル、Ｃ．（河合信和訳）一九九七『ネアンデルタール人とは誰か』朝日新聞社。

スミス、R．（前山　隆訳）　一九八三『現代日本の祖先崇拝（下）』御茶の水書房。
瀬川拓郎　二〇一二『コロポックルとはだれか――中世の千島列島とアイヌ伝説』、新典社。
関根慎二　二〇一四「縄文時代の石製儀礼具について」『群馬県埋蔵文化財調査事業団研究紀要』第32集。
第28回山陰考古学研究集会事務局編　二〇〇〇『山陰の縄文時代遺跡』。
高橋龍三郎　二〇〇一ａ「総論：村落と社会の考古学」『現代の考古学』第6巻、朝倉書店。
高橋龍三郎　二〇〇一ｂ「縄文後・晩期社会の複合化と階層化過程をどう捉えるか――居住構造と墓制よりみた千葉県遺跡例の分析」『早稲田大学大学院文学研究科紀要』第47巻第4号。
高橋龍三郎　二〇〇三「縄文後期社会の特質」『縄文社会を探る』学生社。
高橋龍三郎　二〇〇四『縄文文化研究の最前線』早稲田大学。
高宮廣衞　一九七五「考古学」『沖縄縣史』第5巻各論編4、沖縄県。
高宮廣衞　一九七八「沖縄諸島における新石器時代の編年（試案）」『南島考古』第6号。
高宮廣衞　一九九二「沖縄先史土器文化の時代名称――縄文時代・うるま時代の提唱について」『南島考古』第12号。
田中正太郎　一八九九「飛驒の石冠に就て」『東京人類学会雑誌』第14巻第156号。
田中聡一・古澤義久　二〇一三「韓半島と九州」『季刊考古学』第125号、雄山閣。
谷口康浩　二〇〇五『環状集落と縄文社会構造』学生社。
谷口康浩　二〇〇六「石棒と石皿――象徴的生殖行為のコンテクスト」『考古学』Ⅳ。
知念　勇　二〇〇〇「沖縄先史時代の編年に関する二・三の問題点」『琉球・東アジアの人と文化』高宮廣衞先生古稀記念論集。
塚原正典　一九八七『配石遺構』考古学ライブラリー49、ニュー・サイエンス社。
塚原正典　一九八九「縄文時代の配石遺構と社会組織の復元」『考古学の世界』新人物往来社。
都出比呂志　一九八六「日本考古学と社会」『岩波講座　日本考古学』第7巻　現代と考古学、岩波書店。
坪井清足　一九六二「縄文文化論」『岩波講座　日本歴史』第1巻　原始および古代1、岩波書店。
坪井正五郎　一八八六「太古の土器と比べて貝塚と横穴の関係を述ぶ」『東京人類学会報告』第1巻第1号。
坪井正五郎　一八八七「コロボックル北海道に住みしなるべし」『東京人類学会報告』第1巻第12号。

坪井正五郎　一八八八「石器時代の遺物遺蹟は何者の手に成たか」『東京人類学会雑誌』第3巻第31号。
坪井正五郎　一八九五「コロボックル風俗考」『風俗画報』第91～108号。
坪井正五郎　一八九七「石器時代総論要領」『日本石器時代人民遺物発見地名表』東京帝国大学。
坪井正五郎　一九〇四「日本最古住民に関する予察と精査」『太陽』第10巻第1号。
坪井正五郎　一九〇五「人類学的智識の要益々深し」『東京人類学会雑誌』第20巻第233号。
坪井正五郎　一九〇八a「日本人種の起源」『東亜之光』第3巻第6号。
坪井正五郎　一九〇八b「日本に於ける雑婚問題」『東京人類学会雑誌』第24巻第272号。
勅使河原　彰　一九九五『日本考古学の歩み』名著出版。
テスタール、A.（山内　昶訳）一九九五『新不平等起源論――狩猟＝採集民の民族学』法政大学出版局。
寺田和夫　一九七五『日本の人類学』思索社。
寺村光晴・青木重孝・関　雅之編　一九八七『史跡　寺地遺跡』青海町。
當真嗣一　一九八五「沖縄の時代区分をめぐって」『考古学研究』第32巻第2号。
中尾篤志　二〇一三「結合式釣針」『季刊考古学』第125号、雄山閣。
長澤宏昌　二〇一二『散骨は、すべきでない』講談社。
中島栄一　一九八三「石冠・土冠」加藤晋平他編『縄文文化の研究』第9巻　縄文人の精神文化、雄山閣。
中村　大　一九九三「秋田県柏子所貝塚からみた亀ヶ岡文化」『考古学ジャーナル』第368号。
中村　大　一九九九「墓制から読む縄文社会の階層化」『最新　縄文学の世界』、朝日新聞社。
中村　大　二〇〇二「階層社会」『季刊考古学』第80号、雄山閣。
中山平次郎　一九一七「九州北部に於ける先史原史両時代中間期間の遺物に就て」『考古学雑誌』第7巻第10・11号、第8巻第1・3号。
中山平次郎　一九一八「貝塚土器と弥生式土器との古さに就て」『考古学雑誌』第8巻第6号。
西田正規　一九八四「定住革命」『季刊人類学』第15巻1号。
西田正規　一九八六『定住革命』新曜社。

西野　元　一九九一「小中村清矩筆記『米国人モールス氏演説聞書』について――明治一一年六月三〇日浅草井生村楼における講演記録」『筑波大学先史学・考古学研究』第2号。
荷宮和子　二〇〇四『なぜフェミニズムは没落したのか』中公新書ラクレ159。
能登　健　一九八一「信仰儀礼にかかわる遺物（1）」大場磐雄編『神道考古学講座』第1巻　前神道期、雄山閣。
長谷部言人　一九一七a「壮丁の身長より見たる日本人の分布」『東北医学雑誌』第2巻第1号。
長谷部言人　一九一七b「日本人頭蓋の地方的差異」『人類学雑誌』第32巻第10号。
長谷部言人　一九一七c「石器時代住民論我観」『人類学雑誌』第32巻第11号。
長谷部言人　一九一七d「蝦夷はアイヌなりや」『人類学雑誌』第32巻第12号。
長谷部言人　一九一九「石器時代住民と現代日本人」『歴史と地理』第3巻第2号。
濱田耕作　一九三五「日本原始文化」『岩波講座　日本歴史』岩波書店。
林　謙作　一九七七「縄文期の葬制　第Ⅱ部　遺体の配列、特に頭位方向」『考古学雑誌』第63巻第3号。
林　謙作　一九七九「縄文期の村落をどうとらえるか」『考古学研究』第26巻第3号。
林　謙作　一九八〇「東日本縄文期墓制の変遷（予察）」『人類学雑誌』第88巻3号。
林　謙作　一九九八「縄紋社会は階層社会か」『古代史の論点』第4巻、小学館。
春成秀爾　一九七三「抜歯の意義（その1）」『考古学研究』第20巻第2号。
春成秀爾　一九七九「縄文晩期の婚後居住規定」『岡山大学法文学部学術紀要』第40号（史学篇）。
春成秀爾　一九八〇「縄文合葬論」『信濃』第32巻第4号。
春成秀爾　一九八三「縄文墓制の諸段階」『歴史公論』第94号、雄山閣。
春成秀爾　一九九二「Ⅲ縄文時代　1時代概説」小野昭・春成秀爾・小田静夫編『図解・日本の人類遺跡』東京大学出版会。
春成秀爾　一九九六「性象徴の考古学」『国立歴史民俗博物館研究報告』第66集。
春成秀爾　二〇〇二『縄文社会論究』塙書房。
春成秀爾　二〇〇三『考古学者はどう生きたか――考古学と社会』学生社。
福田友之　一九九一「津軽半島今津遺跡の鬲状三足土器」『青森県考古学』第6号。

福田正宏　二〇一三a「日本列島北辺域における新石器／縄文時代の土器」『古代文化』第65巻第1号。
福田正宏　二〇一三b「北海道とサハリン・千島――日露二国の考古学からみた縄文文化の北辺」『季刊考古学』第125号、雄山閣。
藤尾慎一郎　二〇一三a『弥生文化像の新構築』吉川弘文館。
藤尾慎一郎　二〇一三b「弥生文化の輪郭――灌漑式水田稲作は弥生文化の指標なのか」『国立歴史民俗博物館研究報告』第178集。
藤尾慎一郎　二〇一五『弥生時代の歴史』講談社現代新書2330。
藤尾慎一郎編　二〇一四『弥生ってなに?!』国立歴史民俗博物館企画展図録。
藤本　強　一九七九『北辺の遺跡』教育社。
藤本　強　一九八八『もう二つの日本文化――北海道と南島の文化』東京大学出版会。
古澤義久　二〇一三「九州と韓半島」『季刊考古学』第125号、雄山閣。
ホブズボウム、E.・レンジャー、T.（前川啓治・梶原景昭他訳）一九九二『創られた伝統』紀伊國屋書店。
堀越正行　一九七九「船戸貝塚と土偶・石冠形土製品」『史館』第11号。
松村博文・西本豊弘　一九九六「中妻貝塚出土多数合葬人骨の歯冠計測値にもとづく血縁関係」『動物考古学』第6号。
松村博文　二〇〇八「縄文人骨の情報」小杉康他編『縄文時代の考古学』第10巻　人と社会、同成社。
丸山国雄　一九四七『新国史の教育――「くにのあゆみ」について』惇信堂。
マンロー、N.G.　一九〇七「後石器時代之頭蓋骨」『東京人類学会雑誌』第22巻第255号。
三浦　展　二〇〇五『下流社会――新たな階層集団の出現』光文社新書。
三浦　展・上野千鶴子　二〇〇七『消費社会から格差社会へ――中流団塊と下流ジュニアの未来』河出書房新社。
水ノ江和同　二〇〇三「朝鮮海峡を越えた縄文時代の交流の意義――言葉と文化圏」『考古学に学ぶ（Ⅱ）』同志社大学考古学シリーズⅧ。
水ノ江和同　二〇一〇「南島文化と縄文文化」小杉康他編『縄文時代の考古学』第1巻　縄文文化の輪郭、同成社。
水野正好　一九七四「土偶祭式の復元」『信濃』第26巻第2号。
南川雅男　一九九五「炭素・窒素同位体に基づく古代人の食生態の復元」田中　琢・佐原　真編『新しい研究法は考古学になにをもたらしたか』クバプロ。

村上重良　一九七四『慰霊と招魂——靖国の思想』岩波新書156。
村木二郎・小出麻友美・西谷　大編　二〇一五『大ニセモノ博覧会——贋造と模倣の文化史』国立歴史民俗博物館。
モース、E.S.（矢田部良吉訳）一八七九a『大森介墟古物編』東京大学法理文学部。
モース、E.S.　一八七九b「日本における太古の人類の形跡」『なまいき新聞』第3～5号（近藤義郎・佐原真編訳一九八三『大森貝塚』岩波文庫版に収録）。
モース、E.S.（石川欣一訳）一九二九『日本その日その日2』科学知識普及会（平凡社復刻版一九七〇を引用）。
モース、E.S.（近藤義郎・佐原真編訳）一九八三『大森貝塚』岩波文庫。
森本六爾　一九二九『日本青銅器時代地名表』岡書院。
森本六爾　一九三二『考古学年報』第1輯。
森本六爾　一九三五a「弥生式文化——Pensées 風に」『ドルメン』第4巻第6号。
森本六爾　一九三五b『考古学』歴史教育講座第二輯、四海書房。
森本六爾　一九四一『日本農耕文化の起源』葦牙書房。
森本六爾編　一九三三『日本原始農業』東京考古学会。
文部省編　一八九一『高等小学歴史』。
文部省編　一九二七『尋常小学校国史』。
文部省編　一九四六『くにのあゆみ　上』。
文部省編　一九四七『日本歴史　上』。
八木奘三郎　一九〇六「中間土器弥生式土器の貝塚調査報告」『東京人類学会雑誌』第22巻第248・250・251・256号。
柳田國男　一九四六『先祖の話』筑摩書房。
山崎真治　二〇一三「沖縄・先島と台湾」『季刊考古学』第125号、雄山閣。
山田昌久　一九九〇「『縄紋文化』の構図」（上・下）『古代文化』第42巻第9・12号。
山田昌弘　二〇〇四『希望格差社会』筑摩書房。
山田康弘　一九九四a「有文石棒の摩滅痕」『筑波大学先史学・考古学研究』第5号。

山田康弘　一九九四b「縄文時代の妊産婦の埋葬」『物質文化』第57号。
山田康弘　一九九五「多数合葬例の意義」『考古学研究』第42巻第2号。
山田康弘　一九九七「縄文時代の子供の埋葬」『日本考古学』第4号。
山田康弘　一九九九「縄文から弥生へ――動植物の管理と食糧生産」『食糧生産社会の考古学　現代の考古学3』朝倉書店。
山田康弘　二〇〇一a「中国地方の土器埋設遺構」『島根考古学会誌』第18集。
山田康弘　二〇〇一b「縄文人骨の形質と埋葬属性の関係（予察）頭蓋形態小変異と埋葬位置、抜歯型式について」『日本考古学協会第67回総会研究発表要旨』。
山田康弘　二〇〇一c「縄文人の埋葬姿勢」『古代文化』第53巻第11・12号。
山田康弘　二〇〇二「中国地方の縄文集落」『島根考古学会誌』第19集。
山田康弘　二〇〇六「墓場の考古学――縄文墓制論・社会論の動向と人類学とのコラボレーションを中心として」『墓場の考古学』第13回東海考古学フォーラム。
山田康弘　二〇〇七「土器を埋める祭祀」『原始・古代日本の祭祀』同成社。
山田康弘　二〇〇八a『人骨出土例にみる縄文の墓制と社会』同成社。
山田康弘　二〇〇八b『生と死の考古学』東洋書店。
山田康弘　二〇〇九「縄文文化と弥生文化」藤尾慎一郎他編『弥生時代の考古学』第1巻　弥生文化の輪郭、同成社。
山田康弘　二〇一〇a「縄文時代における「階層性」と社会構造」『考古学研究』第57巻第2号。
山田康弘　二〇一〇b「中国地方における縄文時代の親族組織」『先史学・考古学論究』V。
山田康弘　二〇一三「縄文時代における部分骨合葬」『国立歴史民俗博物館研究報告』第178集。
山田康弘　二〇一四『老人と子供の考古学』吉川弘文館。
山内清男　一九二五「石器時代にも稲あり」『人類学雑誌』第40巻第5号。
山内清男　一九三二「日本遠古之文化（1）〜（6）」『ドルメン』第1巻4号〜第1巻9号。
山内清男　一九三九『日本遠古之文化』（補注附新版）先史考古学会。
八幡一郎　一九五三『日本史の黎明』有斐閣。

八幡一郎編　一九五九『世界考古学大系』第1巻　日本Ⅰ・先縄文・縄文時代、平凡社。
吉岡郁夫　一九八七『日本人種論争の幕あけ――モースと大森貝塚』共立出版。
吉崎達彦　二〇〇五『1985年』新潮新書130。
米田　穣　二〇一〇a「同位体食性分析からみた縄文文化の適応戦略」小杉康他編『縄文時代の考古学』第4巻　人と動物の関わりあい、同成社。
米田　穣　二〇一〇b「食生態にみる縄文文化の多様性」『科学』第80巻第4号。
李国棟　二〇〇七「山形県中川代遺跡の石鉞と日向王之山の玉璧」『広島大学大学院文学研究科論集』第67巻。
梁成赫　二〇〇九「韓半島の新石器時代の造形物に関する試論」『新弥生時代のはじまり』第4巻、雄山閣。
和島誠一　一九六六「弥生時代社会の構造」『日本の考古学』第3巻　弥生時代、河出書房新社。
渡瀬荘三郎　一八八六「札幌近傍ピット其他古跡の事」『人類学会報告』第1巻第1号。
渡部義通・早川二郎・伊豆公夫・三沢章　一九三六『日本歴史教程』第一冊、白揚社。
渡辺貞幸　二〇〇八「四隅突出型墳丘墓と出雲世界」甘粕健編『倭国大乱と日本海』同成社。
渡辺　仁　一九九〇『縄文式階層化社会』六興出版。

欧文

Baelz, E.V. 1883 '*Die Koerperlichen Eigenschaften der Japaner*' Mitteilungen der OAG Band III Heft28.（池田次郎訳　一九七三「日本人の起源とその人種学的要素」『論集日本文化の起源』第5巻、平凡社）
Binford, R. 1980 '*Willow smoke and Dog's tails: Hunter-Gatherer settlement systems and archaeological site formation*' American Antiquity Vol. 45-1.
Lubbock, J. 1865 "*Prehistoric Times*",Williams and Norgate.
Martin, R. K. 1914 "*Lehrbuch der Anthropologie*" Gustav Fischer Verlag, Stuttgart.
Milne, J. 1881 '*The Stone Age in Japan, with notes on recent geological changes which have taken place*' The Journal of the Anthropological Institute of Great Britain and Ireland vol.10.

Morse, E. S. 1879 "*Shell Mounds of Omori*" Memories of the Science Department,Vol. 1 Part1, University of Tokyo, Japan.
Siebolt, H. V. 1879 "*Notes on Japanese Archaeology with Especial Reference to the Stone Age*". Typography of C. Levy, Yokohama.

新潮選書

つくられた縄文時代《じょうもんじだい》——日本文化《にほんぶんか》の原像《げんぞう》を探《さぐ》る

著　者………………山田康弘《やまだやすひろ》

発　行………………2015年11月25日
4　刷………………2017年8月5日

発行者………………佐藤隆信
発行所………………株式会社新潮社
〒162-8711 東京都新宿区矢来町71
電話　編集部 03-3266-5411
　　　読者係 03-3266-5111
http://www.shinchosha.co.jp
印刷所………………株式会社三秀舎
製本所………………株式会社大進堂

乱丁・落丁本は、ご面倒ですが小社読者係宛お送り下さい。送料小社負担にてお取替えいたします。
価格はカバーに表示してあります。

ISBN978-4-10-603778-8 C0321